RITUAL *de* TRANSICIÓN EN LA CRIANZA DE LOS HIJOS

Cuatro experiencias esenciales en capacitar a sus hijos para la vida

Walker Moore

GRUPO NELSON
Una división de Thomas Nelson Publishers
Desde 1798

NASHVILLE   DALLAS   MÉXICO DF.   RÍO DE JANEIRO   BEIJING

Traducción: *Ricardo y Mirtha Acosta*
Adaptación del diseño al español: *Grupo Nivel Uno, Inc.*
Diseño de la portada: *Brand Navigation, LLC—DeAnna Pierce y Bill Chiaravalle*
Fotografía de la portada: © *Pixelworks Studio—Steve Gardner*
Fotografía del autor: *Awe Star Ministries*

ISBN: 978-1-60255-062-9

Impreso en Estados Unidos de América

08 09 10 11 12 BTY 9 8 7 6 5 4 3 2 1

CONTENIDO

Reconocimientos

M e encanta la película *Shrek*. En especial me gusta la escena en que a regañadientes Shrek y Burro se ponen en camino para salvar a la princesa. Burro pregunta a Shrek: «¿Quién eres?», y Shrek explica que él es como una cebolla: tiene muchas capas.

Debo admitir que cuando observo quién soy y cómo ha resultado este libro, también veo... una cebolla. En los últimos treinta años se han añadido muchas capas. Algunas son muy evidentes, y otras son solo pequeños acontecimientos que me han puesto en más de una búsqueda para salvar a la princesa.

La capa más obvia es mi relación hacia mi Señor y Salvador, Jesucristo. La siguiente, estoy en deuda con papá y mamá, quienes ya se fueron a estar con el Señor. Solamente por la gracia de Dios conocí a Cathy, la mujer más maravillosa del mundo, quien se ha convertido en mi esposa, mi animadora, mi socia, mi mentora y mi correctora. Nuestra unión ha producido dos hijos, Jeremiah y Caleb, quienes son una bendición para el «viejo», como cariñosamente se refieren a mí en estos días. La tierna esposa de Jeremiah, Erin, ha ocupado su lugar como mi adorada hija. Finalmente, Dios envió gracia a nuestro hogar por medio de Lucile Hodges, quien se ha convertido en mi madre y en abuela de mis hijos. Estas dos preciosas capas han ampliado inmensamente mi vida y mi ministerio.

A lo largo de los años, en las varias iglesias en que he servido, he tenido el privilegio de caminar al lado de miles de adolescentes mientras pasan de la infancia a la edad de adultos responsables. Estos jóvenes y sus padres han agregado intensidad y significado a mi ministerio. Otras capas pertenecen a mi personal: David, Danielle, Rachel, Robyn y Brent; además Shelly, Peggy, Bobby, Josh y Pat; junto con mi junta directiva: Stewart, Gordon, Eddie y Tom. Ustedes me han brindado sabios consejos respecto del volumen extra de trabajo, y me han protegido del mundo mientras culmino este proyecto. Que la bendición del Señor sea sobre cada uno de ustedes.

Aun otras capas incluyen a Lisa Tresch, quien primero creyó en *Ritual de transición en la crianza de los hijos* y me ayudó a organizar este material; y al «custodio» Marti Pieper, quien ha pasado incalculables horas llevando el libro a un nuevo nivel... que incluye el formato que usted tiene ahora en las manos. Otra capa consiste en mi agente, Chris Ferebee, quien nunca dejó de creer en mí, y Troy Johnson, mi «hombre de paz» en Thomas Nelson.

Para estos y muchísimos otros que han tenido parte en convertir la obra de este ogro en un cuento de hadas: Que sus pantanos se conviertan en castillos, y sus pequeños ogros en... ¡santos capaces, responsables e independientes!

Walker Moore
Tulsa, Oklahoma

❦

«EN DEFINITIVA, ¿QUÉ *HAY* DE MALO CON NUESTROS CHICOS?»

Recientemente estuve hablando con mi hijo acerca de mi último proyecto escrito.

—Papá, ¿qué esperas conseguir con este libro? —me preguntó.

Me asombró que Caleb me hiciera una pregunta tan profunda y que obliga a cavilar. Por lo general mis muchachos preguntan cosas como: «Papá, ¿me puedes prestar cinco dólares?» (Si usted ha sido padre por mucho tiempo, sabe que el verbo *prestar* tiene una connotación distinta a la que tenía cuando éramos muchachos. Ahora significa: «Gracias papá: despídete de tu dinero».)

—Hoy día a los padres se les llama la «generación perdida» porque hemos perdido las herramientas para desarrollar hijos capaces, responsables e independientes —contesté, pensando en darle a Caleb una respuesta seria, ya que me hizo una pregunta seria—. Quiero ayudar a la «generación perdida» de padres a convertirse en buenos padres.

—Papá —replicó mi hijo sin siquiera pensarlo—, los padres *malos* no compran libros.

Igual que Caleb, estoy convencido de que si usted ha comprado este libro, es un *buen* padre… alguien que quiere llegar a ser el mejor padre que pueda ser. Admiro a todo aquel que está dispuesto a sacar tiempo para aprender las herramientas de la crianza eficaz de hijos. Usted no puede hacer el viaje sin dar ese primer paso, ¡y ya lo dio!

Mientras reflexionaba en la pregunta de mi hijo, comprendí que fácilmente le pude haber dicho que deseaba *arreglar el libro* para los padres de hoy. *Arreglar* es una palabra que tiene un significado especial para mí. Cuando estaba en el colegio tuve que tomar la temida clase de disertación. Debido a que no articulaba con mucha claridad, los demás no podían entender lo que yo les decía. Yo oraba todos los días antes de clase porque Jesús llegara en ese instante. No hay nada más aterrador para un muchacho que no habla claramente que pararse frente a un grupo y hablar.

Mi profesora de lenguaje era miembro de nuestra iglesia, y de vez en cuando me invitaba a su casa para brindarme ayuda extra. Durante una de mis visitas, ella me manifestó: «Walker, hagas lo que hagas al graduarte, no hagas algo que exija habilidades verbales». Me sugirió una lista de todos los trabajos que ella creía que yo podría considerar: mecánico, carpintero, artesano… cualquier ocupación donde yo pudiera usar algo que no fuera hablar. Capté el mensaje.

Poco después, cuando yo tenía solo veinte años de edad, Dios me llamó a predicar. La mayoría de las personas que me conocían se convencieron al instante que el Señor había cometido su primera equivocación. Siendo joven e ingenuo, creía que si Dios me llamaba a hacer algo, se suponía que debía empezar en ese momento. Empecé a buscar un lugar en que me permitieran predicar.

La única iglesia que pareció interesarse fue la Segunda Iglesia Bautista de Linneus, Missouri. No conseguí la Primera Iglesia Bautista. En vez de eso conseguí la Segunda Iglesia Bautista en un pueblo de trescientas personas. Al llegar solo vi un puñado de miembros de la iglesia. El más joven tenía sesenta y nueve años, y ochenta y uno el de mayor edad. Todas las personas en la Segunda Iglesia Bautista eran afro-estadounidenses.

Nunca antes yo había predicado a una congregación totalmente negra, y no sabía que los miembros le hablan al predicador durante el culto. Mientras yo predicaba, ellos gritaban cosas como: «¡Derríbalo!» o «¡Gloria a Dios!»

Si mi mensaje no era muy bueno, las mujeres se quitaban las pañoletas y las movían formando ochos y gritando: «¡Ayúdalo, Jesús!»

Ese primer domingo recibí numerosos gritos de «¡ayúdalo, Jesús!» mientras daba mi sermón. Sorprendentemente, la iglesia me pidió que me convirtiera en su pastor y predicara todas las semanas.

Más tarde, a causa de mi experiencia con esta congregación totalmente negra, me pidieron que hablara en una conferencia de pastores negros en Los Ángeles. Acababa de empezar mi mensaje cuando un joven en medio de la congregación se puso de pie y gritó:

—¡Soluciónalo, hermano, arréglalo!

Miré alrededor para ver qué se había roto. Quizás se habían caído las flores de la mesa de la Cena del Señor, o tal vez no funcionaba el micrófono. No me podía imaginar lo que él quería que yo arreglara, así que continué.

Entonces sucedió. El mismo individuo gritó otra vez, poniéndose de pie para asegurarse de que lo oyera.

—¡Soluciónalo, arréglalo hermano!

En este momento lo único que se me ocurrió era que se me había abierto el cierre. Intenté uno de esos movimientos espirituales e incliné la cabeza, puse las manos sobre mis ojos, y rápidamente miré hacia abajo. Allí no había ningún problema.

Quince segundos después el mismo tipo se volvió a parar. Esta vez saltando mientras agitaba las manos, y seguía gritando:

—¡Soluciónalo, arréglalo hermano!

Ahora él me tenía.

—¿Qué quiere ese tipo? —pregunté finalmente al moderador, dejando de predicar.

—¿No sabes lo que quiere? —contestó él.

—No, no lo sé —contesté sinceramente, aunque tal vez la respuesta pudo haber sido obvia para todos los demás.

—Bueno, este hombre estaba sentado en la oscuridad, y de repente, cuando abriste la Palabra de Dios, la luz empezó a brillar sobre la verdad. Él desea que *no* sigas con el próximo punto. Quiere que comentes, que expandas… que abras del todo la ventana y dejes que la luz brille sobre ese pasaje. Sencillamente captó lo que dijiste, ¡y quiere que te detengas ahí y le indiques cómo «solucionarlo, hermano!»

Durante los últimos treinta años o más, los padres han estado dando vueltas en la oscuridad, inseguros de cómo criar adultos capaces, responsables e independientes. De repente, la luz ha comenzado a brillar sobre la verdad. Hemos empezado a comprender por qué nuestros chicos están teniendo problemas. Es a causa de un cambio cultural. En este libro quiero comentar, expandir, abrir del todo la ventana, y ayudarle a entender lo que pasa en la vida de su hijo. ¡Quiero detenerme aquí y *solucionarlo*!, enseñándole cómo convertirse en un padre de transición en la crianza de los hijos. Este libro brinda nueva esperanza para las luchas que enfrentan las familias modernas. Tengo algunas estrategias comprobadas que ayudarán. Comencé a buscarlas durante mis primeros años como un joven ministro, hace más de treinta años.

En ese tiempo yo enfrentaba un problema real. No importaba cuánta enseñanza bíblica diera, no importaba cuántas actividades planeara, no importaba cuánto orara y cuánto tiempo pasara con los estudiantes, no veía verdadero crecimiento en sus vidas. Casi todos ellos aún bregaban exactamente con los mismos problemas como jóvenes de secundaria, que enfrentaron en sus primeros años de adolescencia. Es más, llevaron esas luchas a la universidad, a sus trabajos, y a sus matrimonios. Muy pocos acabaron como adultos capaces, responsables e independientes.

¿Por qué mi trabajo fue tan ineficaz? ¿Por qué los estudiantes no maduraban como Dios quería? Yo no sabía qué hacer. Empecé a catalogarme de fracasado, y estuve a punto de renunciar por completo a mi ministerio con los jóvenes. Los padres de esos muchachos y yo teníamos la misma pregunta: «En definitiva, ¿qué pasa con nuestros chicos?»

CHOQUE CULTURAL

Nuestra sociedad ha sufrido una cantidad de cambios dramáticos. Nadie discutiría ese punto. Es más, muchas de nuestras normas culturales han cambiado de manera tan rápida y dramática, que apenas hace poco los padres enfrentaron la verdad: algo está radicalmente mal con nuestros muchachos.

La cultura juvenil estadounidense está cayendo cuesta abajo como nunca antes. Los tiroteos en los colegios siguen siendo noticia. Los expertos culpan a toda clase de factores por las malas calificaciones y la falta de motivación de los estudiantes. Los estudios revelan que hasta los «chicos de iglesia» experimentan de vez en cuando con drogas y con sexo antes del matrimonio.

El analista cultural George Barna informa que la asistencia a las iglesias ha caído 42% entre los jóvenes desde que se gradúan del colegio hasta que llegan a los veinticinco años de edad. Un total de 58% habrá dejado de asistir a los veintinueve años de edad. En otras palabras, casi ocho millones de personas de más de veinte años que una vez fueron asistentes activos a la iglesia ya no estarán involucrados en una iglesia al cumplir treinta años.[1]

Pero las luchas no se limitan a la asistencia a la iglesia. Cada año miles de adultos jóvenes regresan a las casas de sus padres, incapaces de llevar una vida separados de la presencia protectora, y de la billetera, de papá y mamá.

Mientras luchaba con los problemas en las vidas de estos estudiantes, comencé a analizar la cultura adolescente, y descubrí algo asombroso. La caída de nuestra sociedad se aceleró durante la época posterior a la Segunda Guerra Mundial, al concluir la transición de una sociedad agrícola a otra industrial. Los matrimonios jóvenes se alejaron más de sus padres, siguiendo el atractivo de grandes compañías y empleo seguro. Las personas dejaron las haciendas y se mudaron más cerca de sus trabajos y de las escuelas de sus hijos.

Como resultado hicimos un cambio muy rápido de generaciones que vivían y trabajaban juntas, a unidades familiares más independientes. Papá y mamá ya no podían pedir fácilmente consejo a *sus* padres, puesto que eso habría involucrado una larga espera o una costosa llamada telefónica. En vez de eso se volvieron hacia «expertos» como el Dr. Benjamin Spock, ¡y levantaron mi generación confundida, egocéntrica y rebelde!

Ni mi generación ni las siguientes han hecho algo mejor para producir chicos capaces. El consejo de los «expertos» sobre el que dependían los padres no detuvo el cambio cultural ni su impacto dramático y devastador. La caída en espiral que se inició en la década de los cincuenta no se ha detenido todavía. Aun con todo nuestro progreso —incluyendo el advenimiento de televisión a colores, CD, DVD, MP3 y todos los demás aparatos costosos de

↬

USTED PAGARÁ EL PRECIO DE TIEMPO Y ESFUERZO QUE SE NECESITA PARA DESARROLLAR HIJOS INDEPENDIENTES. ES MÁS, SI NO ESTÁ DISPUESTO A PAGAR EL PRECIO EN EL CAMINO, LO PAGARÁ EL RESTO DE SU VIDA.

alta tecnología que hoy día consideramos tan esenciales— parece que no podemos criar hijos que se conviertan en adultos capaces, responsables e independientes. Es hora de que alguien grite: «¡Soluciónalo, hermano!»

Pague ahora, o pague después

Después de todo, tener hijos cuesta mucho. No solo me refiero a los costos económicos; me refiero a que usted pagará un precio por ser padre. Usted pagará el precio de tiempo y esfuerzo que se necesita para desarrollar hijos independientes. Es más, si no está dispuesto a pagar el precio en el camino, lo pagará el resto de su vida. Pagará porque sus hijos se apoyarán constantemente en usted para criar los hijos *de ellos*, para pagar las cuentas *de ellos*, para suplir las necesidades *de ellos*, y nunca se volverán responsables de verdad.

Usted tiene una alternativa acerca de la clase de padre que desea ser: los que pagan ahora y se deleitan del fruto de su trabajo mientras crecen sus hijos, o de los que pagan después y pasan años tratando de rescatarles la vida. Creo que usted es de la primera clase de padres. Añadir solo *una* de las experiencias esenciales del *Ritual de transición en la crianza de los hijos* le costará muy caro, pero también resaltará dramáticamente la calidad de crianza que proporcione y la calidad de su vida.

Como dije, quiero *solucionarlo*, equipando buenos padres y ayudándoles a volverse aun mejores. He pasado años desarrollando y aplicando estos principios, pero quiero que usted sepa que soy un luchador. Conozco de primera mano las alegrías y las penas de criar hijos. En todo este libro usted leerá historias acerca de mi familia: mi esposa Cathy; mis dos hijos hechos y derechos, Jeremiah y Caleb; y yo mismo… el tipo a quien no siempre le va bien.

Nuestra vida familiar nos ha producido lágrimas y alegrías. También me ayudó a probar las respuestas que descubrí. Estas respuestas nos han ayudado a tratar con las fuerzas culturales que ninguno de nosotros puede controlar. Estas fuerzas continuas han costado a los padres de hoy la habilidad de capacitar a sus hijos para que vivan de modo capaz, responsable e independiente. Lo que está mal en nuestros chicos es lo que está mal en nuestra cultura. No es simplemente el momento de cambiar, ¡es hora de solucionarlo, hermano!

Entender las brechas que han dejado las fuerzas culturales en las vidas de los chicos, e implementar un *Ritual de transición en la crianza de los hijos*, producirá cambios perdurables. Puedo afirmar esto porque lo he visto acontecer una y otra vez. Las familias que han añadido estas cuatro experiencias esenciales en las vidas de sus hijos están viendo algunos resultados fabulosos. Hasta en un mundo lleno de caos y confusión, las familias preocupadas pueden ayudar a sus hijos a convertirse en adultos capaces, responsables e independientes.

Sé que usted es un buen padre; después de todo, compró el libro. Quiero ayudarle a convertirse en un padre incluso mejor, así que empecemos juntos.

En definitiva, ¿qué hay de malo con nuestros chicos?

¡Arreglémoslo!

RITUAL *de* TRANSICIÓN

༄

CAPÍTULO UNO

LO QUE SE HA PASADO POR ALTO: LOS CHICOS NECESITAN UN RITUAL DE TRANSICIÓN

Los cambios culturales han llevado a la pérdida de un ritual de transición: una línea claramente definida que distingue la infancia de la edad adulta.

M i hijo menor, Caleb, tiene el don de la creatividad. Este don se expresó en muchas clases de maneras extrañas durante su crecimiento.

Un día su madre y yo estábamos en camino a la reunión de padres y maestros en su colegio cuando nos topamos en el pasillo con la enfermera de la institución. Ella se detuvo y nos preguntó: «¿Cómo sigue la diabetes de su hijo?»

Al principio supusimos que la enfermera se había equivocado de padres. Sin embargo, cuando le hicimos más preguntas, ella comenzó a decirnos que desde que Caleb llegó a ese colegio fue a verla cada vez que podía, quejándose de que el azúcar en su sangre había descendido peligrosamente. Le pedía una barra de golosinas que le sobrara, y se la comía mientras descansaba en el sofá de la oficina de ella.

La enfermera también nos contó que parecía que los episodios de azúcar baja en Caleb eran cada vez más cercanos. Ella estaba muy preocupada por él. Finalmente debimos decirle que nuestro hijo no tenía diabetes, sino que solo se trataba de una mente creativa y unas ansias «no muy santas» por las barras de golosinas. (A propósito, ¡Dios lo sanó de la diabetes el mismísimo día siguiente! Nunca dejan de ocurrir milagros.) Ese acontecimiento me recordó que este niño era diferente, que era especial, que tenía la capacidad de elevar mi presión arterial.

Cita de ensueño

Basados en nuestra propia educación, mi esposa y yo parecíamos destinados a tener chicos promedios, «normales». Me crié en una familia promedio de clase media cerca de Kansas City, Missouri. No se puede conseguir mucho más que promedio o normal en Kansas City, Missouri. Yo era un chico promedio, normal, de clase media que se crió y se casó con una jovencita promedio, normal, de clase media que también venía de esa misma región de clase media en Estados Unidos. Por tanto, ¿cómo fuimos a parar con un Caleb?

Quizás del mismo modo que fuimos a parar con un Jeremiah. Cualquiera que tiene hijos sabe cuán diferentes pueden ser, casi como si deliberadamente se pusieran en extremos opuestos. Una de mis historias favoritas acerca de Jeremiah ocurrió casi cuando él terminaba el año lectivo. Como un joven adolescente, Jeremiah escribió una lista numerada de sus más importantes valores. Este sistema de valores incluía un compromiso de posponer toda cita amorosa hasta después de graduarse del colegio. Sin embargo, en su manera organizada y eficiente de comportarse, decidió que haría una excepción en el baile de graduación del colegio. Cathy y yo veíamos con más que un ligero interés cuando Jeremiah finalizó sus planes, alquiló un esmoquin, e hizo los demás arreglos necesarios.

En la gran noche, nuestro hijo nos contó que traería a casa a la chica con la cual saldría para que pudiéramos tomar algunas fotos. Casi ni podíamos esperar a conocer a esta afortunada joven. Contuve el aliento cuando el auto se detuvo en la entrada. Intentando parecer despreocupado contuve mi inclinación natural de lanzarme a abrir la puerta y correr por el camino para abrazar a mi hijo y a su cita de ensueño.

Tengo que admitirlo: lancé un grito ahogado. La hermosa joven amazona que Jeremiah escoltaba casi tuvo que agacharse cuando entró por nuestra puerta principal. Calculé que de pie, ella medía un metro ochenta y siete centímetros. Tenía una figura muy desarrollada que correspondía con su escultural altura. Se volvió a nosotros, sonriendo un poco nerviosamente, hasta mostrarnos su elegante, formal y bien combinado vestido mientras nuestro hijo la presentaba, con una sonrisa radiante.

—Papá y mamá, conozcan a Marcia. Ella va al colegio conmigo... está en primer año.

¿Una principiante? ¡Sin duda las principiantes han cambiado desde mi época de estudiante! Un momento... ¡una estudiante de primer año! ¿Se había vuelto loco Jeremiah? Un bachiller, ¿saliendo con una principiante? ¿Sabían esto los padres de ella?

Yo sabía que era hora de más prudencia entre padre e hijo.

—Este... Jeremiah, ¿puedes venir conmigo por un instante? —le pregunté, aclarando la garganta con vacilación—. Hay, este... algo que quiero mostrarte en la cocina.

Jeremiah salió obedientemente de la sala y se fue por el pasillo mientras Cathy empezó una pequeña conversación, a esa *altura*, con la joven amiga de nuestro hijo. No me tomó mucho tiempo poder hablar.

—Jeremiah. ¿Una principiante? ¿Qué estabas *pensando*?

Jeremiah no tuvo oportunidad de contestar antes de que yo continuara mi diatriba.

—Hijo, ¡los chicos de último año en el colegio no salen con principiantes! Si no hay una regla contra eso, ¡debería haberla! De todos modos, ¿qué edad tiene ella... catorce?

A estas alturas yo muy bien pude haber estado saltando como un pollo. Iracundo agitaba los brazos, olvidando todo acerca de la suavidad para mostrar algo.

—De todos modos, ¿cómo se te ocurre venir con ella? ¿No pudiste elegir alguna chica agradable y tranquila de decimosegundo grado? Alguna que tuviera más en común contigo... ¿alguna que no fuera *tres años menor*?

Como de costumbre, Jeremiah permaneció mucho más tranquilo que yo.

—¿Sabes, papá, por qué escogí a Marcia? Observé a todas las chicas en nuestro colegio. Me llevó mucho tiempo decidir... pero lo hice. Marcia es la única chica que tiene cualidades más parecidas a mamá.

Mi mandíbula se sintió un poco temblorosa después de volverla a levantar del piso de la cocina.

—Este... hijo —me las arreglé para soltar un gemido.

—¿Sí, papá?

—Hijo... aquí tienes algo de dinero, en caso de que tú y Marcia necesiten algo extra. Ella parece una gran chica. Vayan al baile del colegio... sé que la pasarán bien.

No existe algo así como un chico «normal»

Como dije, yo más que nadie debí haber sido quien tuviera hijos normales. ¿Qué chico normal evalúa a todas las chicas del colegio para ver cuál es la que más se parece a la madre de él? En realidad, ¿qué chico normal convencería a una enfermera escolar que le diera barras de golosinas hablándole de sus luchas diarias con el azúcar baja en la sangre?

Como pastor de jóvenes por mucho tiempo ya debería haber sabido la respuesta: No existe algo así como un chico «normal».

He viajado mucho al extranjero. Aunque me encuentre en otra nación, no dejo de vigilar a los jóvenes. Observar chicos de otras culturas ha sido una de las principales maneras en que he aprendido acerca de los cambios dramáticos que afectan hoy día a las familias estadounidenses. Miro a los chicos de otros países, y luego a los de mi grupo juvenil: los adolescentes que parecen pasar la mitad de su tiempo viendo videos musicales por televisión, y la otra mitad en las filas de «servicio al auto» de McDonald's, incluso mis propios hijos, y me pregunto qué parecía más «normal». Creo que usted ya conoce la respuesta.

¿Quiere munición con eso?

La comparación me impactó la primera vez que viajé a Israel. Al entrar al abarrotado McDavid's (sí, era un verdadero, y legítimo, restaurante israelí de comida rápida) me rezongaba el estómago, previendo una comida de mediodía. De un rápido vistazo divisé una mesa vacía en una esquina. Pedí mi almuerzo y me apresuré al asiento de observación. Las mesas a mi alrededor estaban llenas con los típicos clientes de la hora de almuerzo: una sobre-ajetreada madre y sus tres dinámicos hijos; un señor de la tercera edad con un periódico hebreo en una mano y una hamburguesa medio comida en la otra; dos hombres de negocios que hablaban en voz alta, con sus almuerzos intactos sobre sus bandejas.

Mientras almorzaba seguía observando a los comensales a mi alrededor... y los vi. Se sentaban uno frente al otro, tan cerca que casi se tocaban las narices. Estos adolescentes lozanos y de ojos centelleantes usaban dos pajitas para compartir la misma malta, con las manos agarradas a través de la mesa, y alimentándose juguetonamente uno al otro con papas fritas. Exactamente como si hubiera vuelto a Estados Unidos, ¿correcto?

Equivocado. Olvidándome del hambre dejé mi comida y me incliné hacia delante para echar una mirada más de cerca: *¡Sin duda no veo lo que creo estar viendo!* Los dos adolescentes llevaban sendas ametralladoras colgadas al hombro. El temor se apoderó de mí, y mi primer pensamiento fue advertir a alguien en autoridad. Puesto que no parecía importarle a nadie, empecé a calmarme. *No estoy en Estados Unidos, donde la vista de un fusil cargado en un lugar público es motivo de alarma* —me recordé—. *Esto es Israel, un país donde les gusta decir: «No son balas de fogueo». Los soldados portan fusiles totalmente cargados y listos para disparar.* Sí, estos tortolitos eran adolescentes, pero también eran soldados israelíes.

Me quedé sentado allí más tiempo del que debía, observándolos y preguntándome cuál habría sido mi reacción si esta escena hubiera ocurrido en Estados Unidos. ¿En cuántos adolescentes estadounidenses confiaría usted para que portaran ametralladoras totalmente cargadas en un lugar público?

LO TRASCENDENTAL DE MCDAVID'S

Los dos jóvenes que observé en Israel parecían estar viviendo con las realidades y responsabilidades de la edad adulta. Como soldados debieron haber recibido cuidadoso entrenamiento y los debieron haber comisionado para cumplir con sus deberes. Cronológicamente eran adolescentes, y sin embargo su sociedad los consideraba adultos.

Pero en Estados Unidos, nuestra cultura retarda hasta donde sea posible la asunción de tareas adultas... con consecuencias desafortunadas. Los padres y maestros en toda la nación se quejan por los dolores de cabeza de tratar hoy día con los muchachos. Típicamente describimos a los chicos como *groseros, perezosos* y *apáticos*. Es más, ya no hay un adolescente *normal*. En algún momento, más o menos en los últimos treinta años, se volvió normal que un adolescente fuera *anormal*. Es así de sencillo.

También es así de complicado. En McDavid's observé a dos jóvenes que ya habían aceptado *responsabilidades de adultos* por sus propias vidas y por aquellos sobre quienes sus trabajos les daban autoridad. Llevaban vidas competentes y aceptaban *consecuencias de adultos*: los resultados previsibles de sus propias decisiones. Los estudiantes con los que yo trabajaba cada día parecían mucho menos maduros y responsables que estos adolescentes israelíes que compartían maltas y portaban fusiles.

Mientras los observaba me vino un pensamiento: *¿Qué clase de adolescente quiero que sean mis muchachos?* Si tuviera que escoger entre los dos extremos, ¿qué clase de adolescente preferiría criar? En mi fuero interno quisiera que Caleb y Jeremiah llegaran a ser más como los jóvenes responsables de McDavid's que como los chicos de McDonald's.

Esta experiencia marcó en mí un momento transformador de vida. De allí en adelante me dediqué a descubrir lo que diferenciaba a estos dos grupos muy distintos de adolescentes. ¿Qué los hacía diferentes? ¿Por qué eran distintos? Desde luego que no deseaba equipar a ningún estudiante con una ametralladora; sin embargo, ¿cómo podría llevar chicos McDonald's a los estándares de los jóvenes McDavid's? ¿Cómo podría yo conservarles su carácter desbordante y su energía, pero añadir las cualidades de capacidad y responsabilidad que presencié en los pocos minutos en que me senté a ver a los jóvenes israelíes?

Comencé a orar. Empecé a escudriñar la Biblia. Comencé a analizar la cultura juvenil. Empecé a observar a los adolescentes con que trabajaba y a los adolescentes en que se estaban convirtiendo mis hijos. Mientras más oraba, estudiaba y observaba, más me daba cuenta de que en nuestra cultura se había perdido algo. Hubo un día en que los adolescentes estadounidenses lucían y actuaban más como los israelíes: cuando los adolescentes aceptaban responsabilidades de adultos.

> ⟿ **Responsabilidades de adultos:** Obligaciones de un individuo para con él mismo y con otros bajo su autoridad.

↝ CONSECUENCIAS DE ADULTOS: Resultados previsibles determinados por las decisiones de alguien.

↝ JÓVENES MCDAVID's: Muchachos cuyas vidas demuestran que van hacia una edad adulta capaz, responsable e independiente.

↝ CHICOS MCDONALD's: Jóvenes que siguen exhibiendo ineptitud, irresponsabilidad y dependencia infantil en otros.

DE VUELTA A LOS MONTES DE LOS WALTON

Durante mi desarrollo, mis padres nos ponían a ver (en ese entonces más parecía que nos ponían a sufrir) una serie de televisión llamada *Los Walton*. Cada semana el programa nos llegaba a través de la visión y la voz de John-Boy, el hijo mayor de John y Olivia Walton. John-Boy trabajaba con su padre en una granja en los montes Blue Ridge, y le ayudaba a hacer funcionar el aserradero.

Hoy día esta serie se podría considerar políticamente incorrecta. Por ejemplo, John y Olivia Walton esperaban de veras que John-Boy *trabajara*: sembrando maíz, alimentando el ganado, y cortando leña. Él y sus seis hermanos tenían que hacer sus labores para que la familia pudiera sobrevivir. Nunca se oiría decir a este padre: «¿Sabes qué? Deberíamos dejar que nuestros chicos sean chicos. Pronto serán suficientemente grandes».

Si *Los Walton* se hubiera escrito acerca de una familia moderna, el programa habría sido muy diferente. Antes que nada, nadie habría esperado que John-Boy ayudara a su familia. Mientras su padre tratara de mantener la granja en producción, el muchacho se sentaría en su cuarto a divertirse con juegos de video. Sus únicas responsabilidades consistirían en tender su cama y sacar la basura. Por supuesto, solo haría estas labores con grandes lloriqueos, quejas y resoplidos como los de un toro a punto de embestir.

Si los contemporáneos John y Olivia se atrevieran incluso a dejar que John-Boy saliera, con seguridad este tendría que estar cubierto de pies a cabeza con equipo de protección. ¿Puede usted imaginarse al John-Boy de nuestra época moderna saliendo a cortar leña? Usaría un casco, pero no simplemente cualquier casco viejo sino uno que hubiera pasado todas las evaluaciones gubernamentales de seguridad. Se pondría lentes protectores, almohadillas para codos, y zapatos de seguridad con punteras reforzadas de acero. Sus padres se asegurarían que tuviera una cuerda que atara el mango del hacha a la muñeca. De ese modo, si el hacha resbalara, no iría muy lejos. Habría un escudo de seguridad cubriendo la cabeza de John-Boy para que no se cortara accidentalmente. Desde luego, este también vendría con un disco digital de seguridad para que él pudiera aprender qué extremo estaba afilado y cómo siempre debía mantenerlo alejado del rostro. Finalmente, el hacha vendría envuelta en un plástico transparente… del tipo que ni una explosión nuclear puede romper.

Atrapados en el cambio

Sin embargo, es divertido. En realidad el John-Boy de la década de los treinta era mucho mejor que nuestro John-Boy moderno. Después de todo, su familia lo había preparado para vivir como un adulto responsable. Desde niño pequeño había aprendido que su trabajo era importante para su familia. Tenía mucho más en común con los jóvenes McDavid's que con los chicos McDonald's que conocemos hoy día. ¿Qué hacía a John-Boy tan diferente de nuestros chicos? El educador Stephen Glenn nos entrega una explicación:

> La segunda mitad del siglo veinte experimentó cambios enormes en la sociedad estadounidense… Para nuestros antepasados, la mayoría de los cuales vivía en ambientes rurales, la vida se movía a un paso relativamente lento. Tenían tiempo para adaptarse a cambios externos. Pero hoy día estamos atrapados en un torbellino de cambios tecnológicos y sociales que gira cada vez más rápido. En vez de la estabilidad y la sencillez que conocieron nuestros abuelos, nos vemos enfrentados a la necesidad de adaptarnos a condiciones constantemente variables. … En ninguna parte es más evidente el estrés de ese viaje que entre las familias y las personas jóvenes.[1]

Las familias de hoy han quedado atrapadas en este cambio cultural. El movimiento relativamente rápido de una sociedad agrícola a una industrial, que ocurrió entre las décadas de los treinta y los cincuenta, dejó enormes brechas en nuestra cultura y en nuestras familias.

Según el censo de 1930, 70% de todos los estadounidenses vivían en granjas o en pequeñas comunidades. Para 1950 había ocurrido un cambio total: casi 70% vivía en un ambiente urbano o suburbano, y solo un tercio vivía en granjas o en pequeñas comunidades. E incluso aquellos en ambiente rural tenían un estilo de vida urbano. Iban al trabajo y volvían, tenían televisores en sus hogares, y los niños eran transportados a la escuela.[2]

ADOLESCENTES Y MÁS ALLÁ

Aunque John-Boy y los jóvenes de generaciones anteriores pasaron por la adolescencia, nunca fueron adolescentes. Es más, la palabra *adolescente* tiene menos de un siglo de vida. El primer uso registrado fue en un artículo de la revista *Popular Science*.[3] Más o menos en la misma época en que nuestra cultura cambió de agrícola a industrial, nuestro país también comenzó a desarrollar la idea del adolescente perezoso, malcriado y demasiado indulgente consigo mismo.

¿Qué sucedió? Durante la Depresión, los hombres necesitaban trabajar. Ya no parecía adecuado que un adolescente hiciera un trabajo que podía realizar un adulto con una familia. «Igual que la presa Hoover, el adolescente estadounidense era un proyecto New Deal [enorme programa de trabajo público para contrarrestar la Gran Depresión de la década de los treinta, nota del traductor], una enorme redistribución de energía. La política nacional era sacar a los jóvenes de la fuerza laboral para que hubiera más empleos a disposición de hombres que tenían familias».[4]

A medida que cambiaba la cultura, nuestra sociedad creaba nuevos paradigmas que la acompañaran. Primero, inventamos este nuevo concepto del *adolescente*. Segundo, reinventamos algo que ahora consideramos una institución estadounidense: el colegio secundario. Por primera vez se hizo obligatoria la asistencia al colegio. El hijo del carpintero ya no podía pasar los días aprendiendo el oficio de su padre, o el muchacho de granja ya no podía quedarse en casa durante la época de recolección para ayudar a su papá a recoger la cosecha. De repente muchas clases distintas de chicos de diferentes familias fueron obligadas a hacer su transición a la edad adulta participando de la misma experiencia. Cuando los adolescentes dejaron el trabajo debieron ir a alguna parte, y ese lugar fue el colegio.

En un salón de clases de 1750, un muchacho de diecinueve años podría haber aprendido del mismo libro de texto que uno de ocho años; ¡y uno de dieciséis años podría ser médico! Cien años más tarde, la chica adolescente podría ser obrera de una fábrica, y su hermano un hombre de negocios. Un siglo después los encontraríamos a todos en el colegio secundario, y un chico en Memphis con un extraño sentido de la moda podría establecer estilos para todo el mundo.[5]

¿QUÉ SE HA PASADO POR ALTO?

En la era posterior a la Segunda Guerra Mundial, a medida que nuestra cultura completaba su transición de la granja a los suburbios, se las arregló para alejar aun más a nuestros hijos de sus tareas y responsabilidades. Los nuevos residentes de los extramuros disfrutaban la facilidad y la comodidad de su estilo moderno de vida. Muchos de ellos estaban agradecidos de que sus chicos no tuvieran que trabajar tan duro como ellos durante sus años de desarrollo. Lo que los padres no comprendieron fue que este trabajo duro en realidad les *ayudó* en su avance hacia una edad adulta capaz y responsable. El muchacho de quince años de edad, a quien una vez se considerara un hombre con habilidades de adulto que podía conducir y sacar adelante una granja, estaba ahora metido en el colegio y le decían que era «solo un niño». Hine lo expresa de este modo:

Lo que era nuevo acerca de la idea del adolescente en la época en que apareció la palabra por primera vez durante la Segunda Guerra Mundial fue la suposición de que todos los jóvenes, sea cual sea su clase, ubicación o identidad étnica, deberían tener esencialmente la misma experiencia, pasar con personas de exactamente su misma edad, en un ambiente definido por el colegio secundario y la cultura popular. Los años de adolescencia se han llegado a definir no como un interludio sino más bien como algo central a la vida, un período de preparación y de autodefinición, un período de complacencia y energía no enfocada. Desde el principio ha encarnado extrema ambivalencia respecto de las personas que describe la adolescencia…

Nuestras creencias acerca de los adolescentes son profundamente contradictorias. Ellos deberían ser libres de llegar a ser ellos mismos. Necesitan muchos años de capacitación y estudio. Saben más acerca del futuro que los adultos. Difícilmente conocen algo en absoluto. Deben conocer el valor de un dólar. Se les debe proteger del mundo de trabajo. Son criaturas frágiles y vulnerables. Son niños. Son maniacos sexuales. Son la muerte de la cultura. Son la esperanza de todos nosotros.[6]

Muchos de los problemas que los padres modernos enfrentan al criar a sus chicos McDonald's se relacionan directamente con este cambio cultural y las brechas que creó. Con frecuencia los padres acuden a mí y expresan:

—¿Qué he hecho mal? ¿Por qué no puedo hacer que mis hijos maduren? ¿Por qué no se convierten en adultos responsables?

Contesto enseñándoles respecto de los cambios en la cultura, diciendo:

—¿Y si le digo que no es culpa suya? Es la cultura; y puedo ayudarle a aprender a superar el cambio.

—¿Quiere usted decir que después de todo no soy un padre tan malo?

Igual que estos padres, usted es mucho mejor padre de lo que cree. A muy pocos padres se les ha instruido en formas de manejar el cambio cultural. Una vez que yo le enseñe acerca del *Ritual de transición en la crianza de los hijos*, usted se volverá responsable de volver y proyectar estas experiencias esenciales en las vidas de sus hijos.

La comentarista cultural Frederica Mathewes-Green hace una representación vívida de lo que se ha perdido hoy día cuando escribe sobre la película clásica de 1946, *Qué bello es vivir*, comparando sus insinuaciones con las enseñadas por nuestra cultura:

George Bailey tiene sueños de ser explorador y de viajar por el mundo, pero noblemente los hace a un lado para cuidar a su familia. Nadie haría hoy día esta película. En versión moderna, George Bailey pelearía a gritos con su padre, se iría de casa, abordaría un barco, recorrería el mundo, tendría aventuras peligrosas y emocionantes, y regresaría a casa para festejarlo a lo grande. Su papá le diría, con lágrimas en los ojos: «Tenías razón, hijo».[7]

Experiencia esencial #1: Un ritual de transición

A estas alturas debería ser evidente. Los jóvenes McDavid's, John-Boy Walton, y el sacrificado George Bailey asumieron tareas y responsabilidades de adultos. Pudieron hacerlo porque cada uno había experimentado algo que no han conocido los chicos de hoy: *un ritual de transición*, es decir, *una línea claramente definida que distingue la infancia de la edad adulta.*

¿Qué quiero decir con eso? Entiendo qué es un ritual de transición porque yo mismo experimenté uno. Para quienes nos criamos al frente extremo del auge de la natalidad, graduarse del colegio marcaba una línea divisoria no expresada pero clara entre la infancia y la edad adulta. Cuando terminé la educación secundaria en 1969, mis padres no esperaban que yo siguiera viviendo en casa. Suponían, como hice, que yo era capaz de vivir por mi cuenta y asumir responsabilidades de adulto. Después de todo, yo había trabajado como fotógrafo desde que tenía doce años, y ahora era copropietario de mi propio negocio.

Mientras estábamos en el colegio, mis compañeros y yo exhibíamos algunas verdaderas conductas adolescentes, que incluyeron nuestras protestas desafiantes por la Guerra de Vietnam. Sin embargo, después de graduarnos todos asumimos de inmediato las responsabilidades de adultos. Conseguimos empleos. Algunos nos casamos. Algunos fuimos a la universidad.

¿Y yo? Hice lo que hicieron muchos de mis amigos. Poco después de mi graduación cambié mis carteles de protesta por un uniforme militar. Rápidamente me convertí en un miembro adulto y capaz del ejército del Tío Sam. No estaba confundido respecto de quién era o de qué haría. Igual que George Bailey, asumí responsabilidades de adultos porque había pasado de la infancia a la edad adulta.

Experimentar un ritual de transición permite a los jóvenes superar la conducta infantil y comenzar a asumir responsabilidades de adultos y las consecuencias resultantes. Una transición que tal vez usted ya conozca existe en la cultura judía: la celebración tradicional de Bar o Bat Mitsvá (para varón o hembra, respectivamente) a los trece años de edad. Los chicos tardan años de preparación para su ceremonia Mitsvá, momento en el cual participan del culto de adoración, festejan la Palabra de Dios, y comparten con la familia y los amigos la felicidad de su nueva condición adulta. Una guía de recursos en línea analiza el significado de este ritual de transición:

Por tradición, porque una ceremonia Bar/Bat Mitsvá es una costumbre, no un mandamiento, a los trece años de edad es cuando un niño está obligado a las responsabilidades rituales de la vida judía... llegar a ser un Bar/Bat Mitsvá es sin duda un importante acontecimiento del ciclo de la vida. En términos seculares, a menudo este momento en la existencia de un adolescente marca un enorme crecimiento y madurez reflejados por varios años de estudio y práctica antes del día especial. Combinado con la responsabilidad de la adultez judía, este suceso trae frecuentemente una abrumadora ola de emoción a los padres y parientes cercanos.[8]

La cultura judía tradicional prepara a los niños para el paso de la infancia a la edad adulta proveyendo un significativo Mitsvá. Muchas otras culturas también aportan un sendero claramente definido entre la infancia y la vida adulta con sus responsabilidades y consecuencias. No obstante, cuando cambió nuestra cultura perdimos este elemento clave. Sin él, siguen confundidos nuestros chicos y nuestras familias.

RITUAL DE TRANSICIÓN

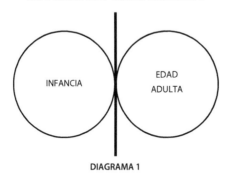

DIAGRAMA 1

Hasta Hollywood ha reconocido la importancia de un ritual de transición. La famosa serie *La guerra de las galaxias* de George Lucas nos muestra el ritual de transición de Luke Skywalker mientras se entrena y se mueve hacia la codiciada posición de caballero Jedi. El personaje de Tom Hanks en la comedia *Big*, Josh Baskin, demuestra la necesidad y el deseo de un niño de un ritual de transición cuando un día descubre al despertar que ha cambiado su cuerpo de trece años de edad por el de un hombre hecho y derecho. Disfrutamos al observar sus travesuras mientras sigue viviendo con la mente y los intereses de un adolescente, aunque su cuerpo es totalmente maduro. El Josh adulto toca melodías sobre el piso de teclas en FAO Schwartz, come aperitivos de mazorcas enanas encurtidas colocadas de fila en fila, como si fueran choclos, y llena su apartamento con un surtido de juguetes caros (incluyendo un trampolín) en vez de muebles.

En definitiva, ¿qué hay de malo con nuestros chicos? Por desgracia, muchos de los adultos jóvenes de hoy tienen el problema de Josh Baskin (sin el humor que lo acompaña) porque no han experimentado un ritual de transición. Es más, si usted no logra entender y corregir lo que se ha pasado por alto en la vida de su hijo, es probable que este termine tan mal preparado e incapaz de saber sobrellevar la vida de adulto responsable como el héroe de *Big*. Puesto que un ritual de transición es tan determinante en los muchachos, hacer caso omiso a esta experiencia esencial significa que ellos se confundan.

✕ Resumen de *Ritual de transición en la crianza de los hijos* ✕

El cambio relativamente rápido de una sociedad agrícola a industrial, cumplida en la década de los cincuenta, ha dejado enormes brechas en nuestra sociedad y en las familias modernas. El falso concepto del *adolescente* ha ayudado a fomentar la idea de que los jóvenes no pueden hacer importantes contribuciones a la vida familiar.

Padres: no es culpa nuestra. Antes del cambio cultural los jóvenes asumían responsabilidades de adultos, y sus consecuencias correspondientes de adultos, porque experimentaban un ritual formal o informal de transición. De este modo estaban mucho mejor preparados para convertirse en adultos capaces, responsables e independientes que la mayoría de los jóvenes de hoy día.

CAPÍTULO DOS

EL RESULTADO DE: «¿POR QUÉ SENCILLAMENTE NO MADURAS?»

La pérdida de un ritual de transición ha dejado padres e hijos confundidos e inseguros respecto de cuándo empieza exactamente la edad adulta.

C reo que Jesús es el Salvador sin pecado. Murió en la cruz para pagar por los pecados del mundo. Esto explica por qué siempre me confundo cuando leo acerca de las veces que Jesús hizo que sus padres, especialmente su madre, se preocuparan. ¿Significa esto que Jesús, el Hijo perfecto de Dios, pecó?

Lucas 2.41-52 contiene una historia que nos podría hacer creer que Jesús pecó. Este pasaje narra una época en que Jesús fue a Jerusalén con sus padres. Aparentemente, sin embargo, él decidió quedarse en la ciudad cuando sus padres regresaban a casa. La Biblia clarifica que José y María no estaban conscientes de la decisión de Jesús. Esto parece indicar que Jesús, el Salvador del mundo, el único chico que siempre hizo lo correcto... ¡dejó plantados a sus padres!

¿No calificaría usted de pecado que su hijo de doce años le gastara una broma como esta? Digamos que usted lleva de viaje a su familia a Disney World, y su hijo mayor decide, totalmente por su cuenta, que no está listo para irse cuando ustedes lo hacen. Ha sido un día largo y agotador, y usted reúne a su familia para iniciar su viaje a casa. Usted sale del estacionamiento, creyendo que su hijo está en la parte posterior de la furgoneta. A unas horas de viaje, usted de pronto se da cuenta de que no lo ha visto ni oído por un buen rato. De repente tiene un presentimiento, mira hacia atrás, y pregunta: «¿Dónde está su hermano? ¿Lo han visto? ¿Cuándo fue la última vez que vieron a su hermano? ¿Dónde puede estar?»

Imagine la ira, el temor y la frustración que usted sentiría. *¿Qué se ha creído ese muchacho? ¿En qué se supone qué estaría pensando? Después de todo, ¡solo tiene doce años!* Sin duda todos esos pensamientos vendrán a su mente, y posiblemente saldrán de su boca, mientras usted da vuelta a la furgoneta y la dirige otra vez por la carretera hacia el parque.

María experimentó en su propia época algo muy parecido a este escenario de Disney World. La Biblia dice que ella y José habían viajado un día de camino desde Jerusalén cuando ella notó por primera vez la ausencia de Jesús. Lo más probable es que anduvieran en caravana, los hombres separados de las mujeres, así que es muy probable que José y María finalmente se volvieran uno hacia el otro y dijeran lo que dicen hoy día los padres exasperados: «Pensé que lo tenías *tú*».

Las madres parecen tener un sexto sentido en lo que respecta a sus hijos, por tanto estoy seguro que María fue la primera en notar que Jesús no estaba en el paseo… este… en la caminata. Imagine:

—¿Dónde está Jesús? —empieza ella a preguntar a sus parientes y conocidos—. ¿Has visto a Jesús? ¿Lo han visto ustedes?

—No.

—No.

—No, no lo he visto.

Imagine la creciente preocupación y el temor de María al oír una y otra vez estas respuestas. Va donde José, desconsolada y sollozando. Los dos se encuentran a todo un día alejados de la ciudad donde está perdido su hijo; y por supuesto, ni siquiera pueden empezar su búsqueda hasta que vuelvan a Jerusalén. María tiene que pasar toda la noche orando y preocupándose mientras espera el momento de salir temprano por la mañana. ¿Se puede usted imaginar la oración de ella?

—Querido Dios, lo he perdido. He perdido al Salvador del mundo.

—¿Que hiciste QUÉ? ¿QUÉ? ¿Perdiste a mi unigénito hijo?

—Espera, Señor, te prometo… ¡que voy a regresar a buscarlo tan pronto como amanezca!

La mañana siguiente, José y María se dirigieron a Jerusalén. Una vez allí, María está segura de que todo niño que encuentra debe ser su hijo extraviado.

—¡Allí está!

—No, ¡no es él…!

Se desilusiona una y otra vez cuando el niño se mueve o se vuelve ligeramente, y ella comprende la verdad: ninguno de ellos es Jesús, después de todo. José, por otra parte, tiene que estar pensando exactamente lo que yo pensaría después de dar marcha atrás todo el camino con una esposa preocupada y aterrada a mi lado: *Cuando ponga mis manos sobre ese muchacho, ¡no se podrá sentar durante una semana!*

Objetos perdidos

El relato de Lucas sigue diciéndonos que José y María *sí* encontraron a Jesús… no uno, ni dos, sino *tres* días después, sentado en el templo, escuchando a los maestros y haciéndoles preguntas. La Biblia hasta nos dice que «todos los que le oían se asombraban de su inteligencia y de sus respuestas» (Lucas 2.47, NVI).

Los padres de Jesús también estaban asombrados, pero su asombro toma una forma un poco diferente. Tan pronto como María ve a Jesús, le reprende amorosamente, como solo una madre enojada puede hacerlo: «Hijo, ¿por qué nos has hecho así?»

En realidad no podemos culparla. ¿Cómo reaccionaría usted si estuviera en esta situación? María simplemente desata sobre Jesús toda su preocupación y su enojo acumulados de un largo día de viaje y tres días de buscar en la ciudad.

Reseñemos. José y María acababan de pasar tres días buscando a su hijo de doce años, quien en primer lugar no les comunicó que se iba a quedar en Jerusalén. Mi padre y mi madre habrían considerado eso como un gran pecado. Entonces Jesús tiene el valor de preguntar: «¿Por qué me buscabais?» En el lenguaje moderno podríamos traducir eso usando simplemente una palabra: «¡Tonterías!»

Dije algo así a mi padre una vez… pero solo una.

El resto de la historia

Detengámonos aquí. Si Jesús era perfecto, y si nunca pecó, ¿cómo entonces su conducta *no* fue pecaminosa? Cuando hago esta pregunta, las personas dan toda clase de explicaciones diferentes. Algunos me dicen que José y María eran malos padres. Es evidente que debieron haber estado más al tanto de las cosas y saber dónde estaba Jesús en todo momento. Tengo dificultades con esta idea. Después de todo, ¡José y María eran padres tan buenos como para que Dios les confiara a su propio hijo! No se puede conseguir mucho mejor que eso. En realidad, usted también es mucho mejor padre de lo que cree… incluso si tiene un hijo que se le extravió en el almacén, del modo en que Caleb lo hizo una vez.

Se necesitó solo un instante, pero me di la vuelta y… él ya no estaba allí. Comencé a correr por los pasillos, el corazón casi se me salía y los ojos iban frenéticamente de lado a lado mientras gritaba: «¡Caleb! ¡Caleb!» José y María *no* eran malos padres. Yo tampoco lo soy. Ni usted tampoco.

Quizás usted ya se ha imaginado lo que considero el resto de la historia: la verdad innegable detrás de este pasaje. Jesús no estaba pecando cuando se quedó en Jerusalén porque ya había experimentado algo que lo hacía muy diferente de los chicos McDonald's de hoy. Jesús había experimentado un ritual de transición. Había pasado por su Bar Mitsvá y asumido su lugar como hombre.

Solo para adultos

En la cultura judía de la época de Jesús todo adulto debía ir a Jerusalén una vez al año, así que a los doce años Jesús viajó allí… como adulto. Al hacer este viaje estaba asumiendo una responsabilidad de adulto; por tanto también estaba asumiendo consecuencias de adulto por las decisiones que tomaba.

Como adulto, viajo a menudo. ¿Es para mí inadecuado o extraño que tome la decisión de quedarme un día o dos más en una ciudad antes de seguir hacia mi próximo destino? ¡Por supuesto que no! Podría tener asuntos que deba concluir. Podrían surgir circunstancias especiales que requieran un ajuste en mi itinerario. Soy adulto. Puedo cambiar mis planes, y tengo que tratar con las consecuencias de esos planes. Quizás tenga que alquilar un auto por uno o dos días más. Tendría que conseguir un lugar dónde quedarme durante las noches extra que estaré en la región. Y desde luego, tengo que disponer dónde comer… usted puede tener la seguridad de que no olvidaré ese arreglo.

RITUAL DE TRANSICIÓN

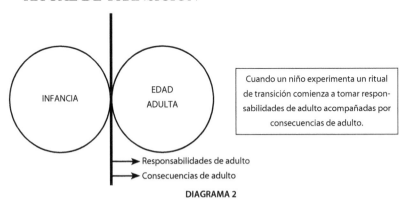

INFANCIA

EDAD ADULTA

Cuando un niño experimenta un ritual de transición comienza a tomar responsabilidades de adulto acompañadas por consecuencias de adulto.

➤ Responsabilidades de adulto
➤ Consecuencias de adulto

DIAGRAMA 2

La decisión de Jesús de quedarse en Jerusalén fue también una decisión de adulto. ¿Dónde durmió? Yo he estado en Jerusalén, y allí no hay Motel 6. Quizás Jesús se quedó en el «Palacio de la Pascua»… usted sabe, aquel con el eslogan popular: «Aquí durmió Moisés». ¿Qué comió Jesús durante esos días extra en que sus padres no estaban allí para proveerle su comida? No sé si en esa época había allí McDavid's o no, pero sí sé que, como adulto, Jesús debía hacerse cargo de su alimentación.

Vuelva a mirar el pasaje bíblico. Jesús había asumido responsabilidades de adulto: estaba escuchando, haciendo preguntas, y asombrando a los maestros. ¿Se puede usted imaginar al promedio de chicos de doce años dialogando con los «abogados de los abogados» como hizo Jesús? Jesús había pasado a su vida adulta al haber experimentado un ritual de transición. Era un joven capaz, responsable e independiente, porque su cultura y su familia habían instaurado este hecho específico en su vida.

Jesús *no* pecó. Todos los padres se tienen que amoldar cuando sus hijos empiezan a madurar. José y María no eran la excepción; y sin embargo, su hijo no pecó contra ellos. Había completado su paso a la adultez al asumir responsabilidades y consecuencias de adulto, aun en la forma en que regresó a casa con sus padres y se sometió de buen grado a ellos como su *autoridad*. Tal vez por eso María «conservaba todas estas cosas en el corazón» (v. 51) a medida que su hijo «cada vez más gozaba del favor de Dios y de toda la gente» (v. 52). Igual que todas las madres, ella debió amoldarse al hecho de que ahora su pequeño niño era... un hombre.

> ⬧ Autoridad: Persona o personas designadas a quienes un individuo somete su voluntad de modo voluntario.

Adolescencia: Un invento nuevo

Cuando nuestra sociedad concluyó el cambio de agrícola a industrial a inicios de la década de los cincuenta, también comenzamos a dilatar el tiempo en que nuestros hijos asumían responsabilidades de adulto, tales como manejar un negocio o trabajar en una fábrica. Al mismo tiempo no queríamos a nuestros niños con tamaño de adultos sentados jugando con bloques o con rompecabezas, así que inventamos un nuevo concepto. Nuestra cultura empezó a llamar *adolescencia* a esta época intermedia. La definición misma significa que los adolescentes han dejado atrás su infancia pero aún no han adoptado su edad adulta. En realidad, están atrapados entre dos mundos. El psicólogo Ronald Koteskey utiliza el siguiente diagrama para explicar el problema:

CAMBIO EN EL MODELO DE CRIANZA DE HIJOS

MODELO TRADICIONAL DE CRIANZA

INFANCIA

EDAD ADULTA

0   5   10   15   20   25   30   35   40

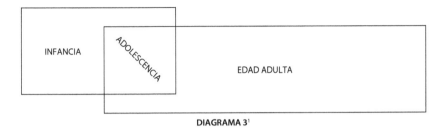

DIAGRAMA 3[1]

Koteskey observa que nuestra cultura ha *creado* o *inventado* este concepto de adolescencia. En muchas otras culturas, y en la nuestra antes de que cambiara de modo tan dramático, las personas van directamente de la infancia a la adultez sin pasar por esta época confusa. La sección superior del diagrama de Koteskey muestra una cultura que tiene períodos de infancia y de edad adulta, pero que no tiene adolescencia. Él explica:

> Como se ve en la segunda parte del diagrama 3, hoy día tenemos un período durante el cual la infancia y la adultez se adaptan. Esta invención de adolescencia ha creado conflictos principalmente en los campos de identidad, sexualidad, trabajo y colegio. Enfrentaremos estos problemas mientras tengamos adolescencia.[2]

El erudito en el Nuevo Testamento y profesor de seminario Dr. David Alan Black explica la confusión del falso concepto de adolescencia:

> Es evidente que la invención de la adolescencia ha alterado el proceso de crianza de hijos en Estados Unidos. Cuando la escuela, la iglesia y la familia tratan a los chicos de dieciséis años como niños jóvenes, los adolescentes actúan en maneras que justifican ese trato. Poco asombra que los jóvenes de hoy padezcan confusión de roles. No saben quiénes son, de dónde vienen, o adónde se dirigen. Están en la puerta de inicio de la vida sin un lugar adónde ir.[4]

LA INVENCIÓN DE LA ADOLESCENCIA

DIAGRAMA 4³

EL EFECTO PÉNDULO

La invención de adolescencia en nuestra cultura pone un péndulo en movimiento. Ese péndulo empezaba en el punto en que adolescentes aun muy jóvenes tenían aptitudes y habilidades para vivir como adultos maduros y responsables. Debido al cambio de agrícola a industrial, el punto en que los jóvenes lograban verdadera madurez ha hecho que el péndulo oscile cada vez más y más lejos de su punto inicial. Eso es confuso y causa miedo tanto en los jóvenes agarrados en la trampa de la adolescencia como en sus familias.

Sin embargo, aunque el *péndulo de responsabilidad de adultos* está oscilando más y más lejos del nacimiento, otro péndulo ha comenzado una oscilación gradual en la dirección totalmente opuesta. Este es el *péndulo de la madurez física*: el momento en que un individuo está en capacidad de reproducirse biológicamente. Es más, las investigaciones muestran que los chicos de hoy están experimentando la pubertad (el momento de la madurez física) a una edad mucho menor que los chicos de hace un siglo o dos.

Antes de 1850, el común de las mujeres menstruaba alrededor de los dieciséis años de edad…. Ninguno de los sesenta y cinco estudios hechos antes de 1880 encontró un promedio por debajo de los catorce años y medio. Muchas tenían diecisiete o más. Para 1950, sin embargo, el promedio ha bajado casi hasta doce y medio o trece.

La pubertad masculina no es tan obvia y no se ha estudiado mucho. No obstante, cuando Bach dirigía un coro en la Iglesia St. Thomas en Leipzig hace más de doscientos años, era frecuente que los muchachos cantaran soprano hasta los diecisiete años... En 1744, Bach tenía diez altos [aquellos cuyas voces estaban cambiando], el menor tenía quince años y el mayor diecinueve. Las voces de los hombres cambiaban en ese entonces como a los diecisiete años, pero ahora como a los trece o catorce... Este cambio se lleva a cabo aproximadamente a la edad de la pubertad.

Todo esto significa que la gente de hoy día experimenta la pubertad como tres o cuatro años antes que la de uno o dos siglos atrás.[5]

Mientras nuestra cultura aleja más y más de la infancia el péndulo de la responsabilidad de adulto, algunos ahora afirman que aun hasta los veintiséis años de edad, el péndulo de la madurez física se acerca cada vez más a la época del nacimiento.

Piense en esto. Experimentar solo una de estas oscilaciones de péndulos crearía confusión. Tenerlas *ambas* oscilando en direcciones opuestas, trabajando simultáneamente una contra la otra, causa estragos para los jóvenes, para sus familias, y para nuestra sociedad. Esto ha ocasionado el caos que los adolescentes enfrentan hoy día. La falta de un ritual de transición ha creado una nueva criatura... una que nuestro mundo nunca antes había visto.

¿Quién es este ser extraño? Tiene todos los atributos físicos de hombre, pero le faltan aptitudes y habilidades para sobrevivir por su cuenta... y lo más probable es que no adquiera esas cualidades durante mucho tiempo. Esta criatura antes desconocida es alguien que llamamos adolescente. Se parece a un hombre pero actúa como un niño. Es aterrador... ¡muy aterrador! De nuevo, Koteskey lo explica muy bien:

La adolescencia ha sido creada, y nos la han transmitido. Igual que el Dr. Frankenstein de Shelley, nuestra cultura ha creado un monstruo y le cuesta controlarlo. Algunas personas llaman adolescencia a «un período de insensatez temporal entre la infancia y la edad adulta». Tienen razón, pero el adolescente no es el insensato sino nuestra cultura. Nuestra desquiciada cultura inventó la adolescencia... y ahora no sabemos qué hacer con ella.[6]

- ADOLESCENCIA: Una palabra definida culturalmente, que describe el período entre la infancia y la adultez en que un individuo no es niño ni adulto.

- PÉNDULO DE RESPONSABILIDAD DE ADULTO: Punto en el cual un individuo asume responsabilidades adultas (las obligaciones de un individuo por su propia vida y por otros sobre los que tiene autoridad).

- PÉNDULO DE MADUREZ FÍSICA: Punto en el cual un individuo está en capacidad de reproducirse biológicamente.

¿CUÁNDO EMPIEZA LA EDAD ADULTA?

Las sociedades de todo el mundo han sabido con exactitud desde el inicio del tiempo cuándo un niño se convierte en adulto. Sin embargo, en el transcurso de unos pocos años, desde que nuestra cultura no proporciona a los niños un ritual definido de transición, la línea divisoria casi no parece tan clara.

Lo más importante que todo niño quiere saber es: «¿Cuándo me convierto en adulto?» En nuestra cultura usted puede obtener una licencia de conducir a los dieciséis años, por tanto *allí* debe ser cuando se convierte en adulto. Pero un momento... usted no puede votar hasta que tenga dieciocho años, por tanto *allí* debe ser cuando se convierte en adulto. Pero un momento... usted no puede beber licores hasta que tenga veintiún años, por tanto *allí* debe ser cuando se convierte en adulto. Pero un momento... usted no puede alquilar un auto a menos que tenga veinticinco años, por tanto *allí* debe ser cuando se convierte en adulto...

¿Capta la idea? En vez de trazar una línea definida entre la infancia y la edad adulta por medio de un ritual de transición, nuestra cultura envía mensajes confusos. La mayoría de los adolescentes me dice que la mitad del mundo les dice que se vayan al diablo, ¡y que la otra mitad les dice que se encuentren a sí mismos!

LA EXTENSIÓN DE LA ADOLESCENCIA

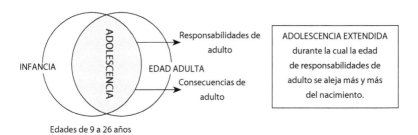

Edades de 9 a 26 años

DIAGRAMA 5[7]

En medio de esta confusión, a usted le gustará saber que finalmente he encontrado una organización que proveerá un ritual definido de transición para sus hijos. Usted puede ir a uno de sus establecimientos en cualquier parte del país, y cada uno proporciona exactamente la misma experiencia. Deletrearé el nombre de este sitio único: D-e-n-n-y's. Sí, el restaurante Denny's le brindará gustosamente a su hijo el ritual de transición que los chicos han perdido hoy día.

Haga la prueba. Lleve a su hijo al Denny's exactamente cuando acabe de cumplir los trece años de edad, y pida el menú para «adolescentes». Usted tal vez reciba una sonrisa... o quizás la mesera crea que está loco. Rápidamente el personal de Denny's le hará saber que *no* tienen menú para adolescente. Tienen menú para niños de doce años o menos. Cuando usted pide este menú le dan la caja de crayones, macarrón con queso, pechuga de pollo en trozos, y tazas para niños.

Una vez que usted pasa de los doce años, inmediatamente Denny's lo considera adulto. De repente retiran el menú de niños. Usted puede agarrar una servilleta y dibujar un diagrama para mostrarles la parte gris de la adolescencia, pero no funcionará. Ellos *no* le pasarán un menú para adolescentes, y esperarán que usted pague su comida. Denny's es un lugar en Estados Unidos que no tiene adolescencia. (Nota: Denny's sigue proporcionando a los niños un ritual de transición... pero hoy día lo experimentarán incluso a menor edad. Después de escribir este libro me enteré que el menú de niños en Denny's ahora lo aplican solo a niños de diez años o menos.)

Los teatros de cine son otro lugar con una filosofía de no adolescencia. Los niños pagan un precio caro; y los adultos pagan otro precio aun más caro. He notado que lo mismo ocurre con el Tylenol. ¿Recuerda usted lo que dice en la etiqueta posterior del envase de Tylenol? Niños de doce años o menos, tomar un comprimido; mayores de doce años, dos comprimidos. ¿Dónde está la dosis del adolescente?

Pues bien, esa pregunta siempre tuvo sentido hasta que el fabricante salió con el Tylenol Junior. En caso de que usted no lo haya captado, así es como los tipos inteligentes de Tylenol logran ahora que usted les compre más producto. Usted solo necesita un Tylenol adulto, pero tiene que comprar dos de la marca Junior para obtener la misma cantidad de medicina. Aparentemente los expertos en mercadotecnia entendieron que, después de todo, la adolescencia no es tan mala.

Oye, ¡no seas infantil!: Falsos rituales de transición

He entendido algo por mí mismo… y apuesto que usted también lo ha notado. Todo niño nace con el deseo dado por Dios de crecer. A las niñas les gusta usar vestidos de mamá, ponerse los sombreros de mamá, y pisar con zapatos de tacón alto. Mucho antes de tener el tamaño suficiente para alcanzar el manubrio de la cortadora de pasto, los niños quieren ayudar a sus padres a cortar el césped. Dios ha puesto dentro de cada uno de nosotros el deseo de crecer. Sin embargo, nuestra sociedad no proporciona una manera definida de que nuestros hijos hagan eso. He aquí un ejemplo del modo en que esto se muestra en la vida del pequeño Juan, quien podría vivir en la casa vecina… o exactamente en su propia casa.

El pequeño Juan está en tercer grado. Como nuestra cultura no le da una forma de dejar atrás su infancia, empieza a llevar una canasta invisible dondequiera que va: su manera de seguir la pista de lo que los demás en su mundo podrían considerar una actividad de adulto. El pequeño Juan piensa: *Si colecciono en mi canasta suficientes actividades de adulto, alguien me declarará adulto. No conozco el número mágico, así que no estoy seguro de cuántas actividades de adulto necesito… pero voy a seguir coleccionándolas.*

Puesto que nadie le dice al pequeño Juan: «*Así* es como te conviertes en adulto», un día él va al colegio y dice una palabra *muy* mala. Cuando su maestra le cuestiona, él contesta: «Se la oí a mi padre». Los adultos en el mundo del pequeño Juan usan esta clase de lenguaje, y él está tratando desesperadamente de demostrar a sus compañeros que es un adulto. Ha escogido una de las actividades más comunes que los muchachos usan como un *falso ritual de transición*, un medio artificial de marcar la línea entre la infancia y la edad adulta. Nuestros chicos crean estas falsas transiciones a la vida adulta porque no les proporcionamos los medios verdaderos.

> ↬ Actividades de adulto: Acciones que identifican a alguien como adulto de acuerdo con normas personales o culturales.
>
> ↬ Falso ritual de transición: Medio artificial de marcar la línea entre infancia y adultez.

Como el pequeño Juan necesita imaginar más formas de convertirse en adulto, pone la rebeldía en su canasta. A continuación agrega fumar… exactamente junto con la rebeldía. Sin duda usted ha visto al pequeño Juan. Se trata del tipo inclinado contra la pared en el patio del colegio, dándole chupadas a su cigarrillo. El pequeño Juan está en séptimo grado, mide un metro ochenta y pesa ochenta kilos. Sus ojos entrecerrados lo dicen todo: «Mírame; soy un hombre». Su enamorada también está de pie fumando. Usted la reconoce. Es aquella con el sostén al revés… así le queda mejor.

Tanto el pequeño Juan como su amiga están tratando desesperadamente de crecer. Ya que nuestra cultura no les brinda una manera de lograrlo proporcionándoles un ritual de transición, crean sus propias maneras de llegar a la edad adulta. El uso del alcohol se ha extendido mucho entre los adolescentes modernos, porque los estudiantes del colegio creen que beber (otro falso ritual de transición) demuestra que han crecido más que cuando estaban en tercer año. Después de todo, posiblemente yo no pueda vivir con el modo de pensar que afirma que aún soy un niño. Si puedo beber, debo ser adulto.

En algunos lugares de Panamá usted recibe un tatuaje con henna para mostrar su conexión adulta a la tribu. ¿Cómo se vuelve usted parte de la tribu adulta en Estados Unidos? La actual generación ha escogido dos actividades particulares como sus propios rituales de transición: tatuarse y perforarse el cuerpo. Después de todo, ¡cuando usted es un niño ni siquiera puede usar un marcador indeleble para escribir en la mano, sin meterse en problemas! La generación moderna cree que los tatuajes y las perforaciones declaran a los demás: «Tengo la habilidad de tomar decisiones de adulto para mi vida». Durante mi crianza, las mujeres tenían que esperar hasta su cumpleaños dieciséis para que les perforaran las orejas, y hasta más o menos la misma época para usar medias nylon. Hoy día muchas niñas pequeñas usan medias nylon y se perforan las orejas aun antes de ir a la guardería. Las cosas que solían ser rituales de transición, cosas por las que teníamos que esperar, cosas que antiguamente se consideraban marcas para cerrar la infancia, ahora se han convertido en parte normal de la vida, incluso para niños muy jóvenes. ¿Cuándo maduramos? Nuestra cultura no lo sabe... y definitivamente no se lo está diciendo a nuestros chicos.

Llantas desinfladas

Durante siete años serví como capellán del departamento de policía de Tulsa. Una de mis responsabilidades era encargarme de las llamadas de suicidios para una región de población con bajos ingresos. Esto incluía notificar a las familias cuando ocurría una muerte. También trabajé con pandillas. No sé por qué Tulsa tiene enorme actividad de pandillas, que incluye cinco veces el promedio nacional de peleas entre pandillas cada año. Mientras yo observaba estas pandillas llegué a enterarme de por qué se formaban estos grupos muy unidos y a menudo violentos.

Usted no simplemente se *une* a una pandilla; tiene que pasar una prueba de alguna clase que sirve como su iniciación. De este modo las pandillas suplen dos necesidades muy básicas en la vida de cada niño: un ritual de transición y un papel significativo. En cantidades cada vez mayores los jóvenes confundidos y aislados en nuestra cultura prefieren ser miembros de pandillas porque ya no les suplimos estos dos requerimientos básicos.

De nuevo... yo debería saberlo. A mis cinco años de edad, cuando mi familia se mudó del campo, experimenté una introducción provisional a la vida de pandillas en las calles del centro de Kansas City, Missouri. Mi familia se reubicó en una parte del centro para que mi padre pudiera conseguir un mejor empleo. En el proceso metió sin darse cuenta a su esposa y sus hijos en un vecindario peligroso.

A fin de encontrar aceptación entre los chicos en mi nuevo ambiente, decidí unirme a una pandilla. Los demás miembros me informaron que podía pertenecer si lograba acuchillar cuarenta llantas. Rápidamente me enseñaron una habilidad crucial: cómo agarrar una cuchilla de afeitar y cortar la válvula de una llanta. De algún modo una noche salí de casa después de anochecer y me entretuve acuchillando mi requerimiento de cuarenta llantas… todos en nuestro lado de la calle. No se me permitía cruzar al otro lado; después de todo, solo tenía cinco años de edad.

Al día siguiente llegó la policía a buscarme. No estoy seguro cómo me encontraron, pero creo que debió tener algo que ver con el hecho de que el auto de papá fue el único de nuestra cuadra cuyas llantas quedaron intactas. Detestaba pensar lo que podría pasar si papá descubría que llegué al extremo de haber tocado su auto.

Naturalmente, cuando la policía me interrogó hice lo que cualquier chico inteligente haría: negué todo. Por desgracia, mi hermano tres años mayor, quien admiraba en gran manera mis habilidades de acuchillador de llantas, estuvo más que dispuesto a alardear de mí ante los policías. Mi vida de crímenes terminó de manera muy repentina… y a propósito, ese hermano delator ahora es jefe de la policía estatal de Missouri, encargado de la seguridad del mismísimo gobernador.

Ya a los cinco años, en un vecindario malo, yo quería pertenecer a algo. Quería ser considerado adulto. Quería un ritual de transición. Los chicos de hoy parecen necesitarlo aun más de lo que yo lo necesité. Por eso sigue aumentando la extensión del período que nuestra cultura llama *adolescencia*.

Sé lo que están haciendo esos adolescentes de más de veinte o treinta años: acumulan actividades de adultos para llenar sus canastas. No se han convertido en adultos capaces, responsables e independientes que los jóvenes de generaciones anteriores llegaron a ser a edades mucho más tempranas. Los jóvenes de hoy son en gran parte incapaces e irresponsables y, especialmente, están confundidos.

PADRES HELICÓPTEROS

Debido a que nuestros chicos están tan confundidos respecto de quiénes son y qué pueden hacer, ahora los padres han decidido que deben seguirlos casi a todo lugar al que van. Ya que los chicos no han asumido responsabilidades de adultos —no pueden vivir, actuar o comunicarse como adultos—, papá y mamá tienen que revolotear a su lado para ayudar a cuidarlos. Maestros, entrenadores de las ligas menores de béisbol, y hasta dirigentes universitarios de hoy confrontan regularmente a padres demasiado involucrados que creen que deben hacer suya la negligencia de sus chicos irresponsables. La psicóloga Pamela Paul utiliza un título especial, *padres helicópteros*, para referirse a esos padres y esas madres que están «peligrosamente cerca»:

No sorprende que la participación de los padres en las vidas de los chicos se haya infiltrado en las universidades, donde rondan los «padres helicópteros», los cuales tratan de ayudar económica, emocional y hasta académicamente a sus hijos. Se ha sabido de padres que intervienen en disputas de compañeros de cuarto después de que un hijo se los pidiera por correo electrónico, o que llaman a un profesor para cuestionar una nota. En respuesta, las universidades están programando eventos de orientación para padres, contratando «coordinadores» que manejen contrariedades y quejas, y emitiendo directrices lacónicas pero diplomáticas.

Los días en que los padres simplemente dejaban a sus hijos en la escuela y se despedían de ellos son tan anticuados como los bailes universitarios.[8]

Paul observa que hasta los *Manuales para padres* de la Universidad de Harvard contienen mensajes dirigidos a padres demasiado involucrados. Estas advertencias ponen de nuevo en el estudiante la responsabilidad de la vida académica, y animan a los padres que interfieren a retroceder... de inmediato.[9]

Nuestra cultura contiene muchos de estos padres helicópteros. El problema ha llegado hasta el lugar de trabajo. «Los gerentes [de varias compañías] están recibiendo llamadas telefónicas de padres que piden que contraten a sus hijos de más de veinte años. Los aspirantes se entretienen en ofertas de empleo hasta consultar con sus padres. Los empleadores dicen que los padres llaman a los gerentes para quejarse de las condiciones de pago y que tratan de renegociar».[10]

¿Recuerda a los Walton? John y Olivia nunca siguieron a sus hijos para solucionarles los problemas o librarles las batallas. Si John-Boy tenía un conflicto de alguna clase, él se preocupaba del asunto por sí mismo, como el hombre que sus padres sabían que era. Es verdad que consultaba con su familia, especialmente su abuelo, pero en última instancia solo a John-Boy le correspondían las responsabilidades y las consecuencias de adulto. El padre helicóptero, igual que el adolescente, es una creación cultural... que seguirá aumentando en cantidad si no hacemos algo para detener la creciente moda de adultos jóvenes irresponsables, incapaces e inmaduros.

- PADRES HELICÓPTEROS: Papás y mamás que revolotean sobre sus hijos porque no creen que los muchachos sean capaces de manejar las cosas por sí mismos.

- GENERACIÓN BUMERANG [TAMBIÉN «BUMERANES»]: Adultos jóvenes que se niegan a independizarse y vuelven una y otra vez a su autoridad paterna para solucionar las necesidades básicas de vida.

- B2Bs o CHICOS QUE VUELVEN A CASA: Bumeranes desempleados o subempleados que han regresado a vivir a casa de sus padres.

LA GENERACIÓN BUMERANG

Este estilo de irresponsabilidad es tan conocido que hasta hemos acuñado una nueva expresión para su subcultura: la *generación bumerang*. Estos adultos jóvenes se niegan a ser independientes y vuelven una y otra vez a su autoridad paterna para solucionar las necesidades básicas de vida. Hoy día más y más familias se han vuelto parte de esta moda. Una madre de tres hijas adultas manifestó:

Nosotros nunca volvíamos a vivir con nuestros padres, pero mi hija regresó a vivir con nosotros por un año para ahorrar dinero. Esto es algo como una puerta giratoria. Las chicas salen por un tiempo, y si no triunfan de inmediato, si necesitan un cambio, o si requieren tiempo a fin de acumular fondos para su próximo paso, se mudan a casa mientras tanto. Tengo muchos amigos cuyos hijos han vuelto a casa, casados, con o sin hijos, entre empleos. Algunos ni parecen seguir adelante con sus vidas.[11]

Es más, un estudio del 2003 del Centro Nacional de Investigación de Opinión mostró que la mayoría de los estadounidenses no considera adulto a un individuo hasta los veintiséis años de edad o hasta que haya concluido su educación, trabaje a tiempo completo, y haya comenzado a levantar una familia.

Futurist Faith Popcorn ha creado otro nuevo término, *B2Bs* o *Chicos que vuelven a casa*. Esta tendencia sigue en aumento según el censo del 2000, el cual mostró cuatro millones de personas entre los veinticinco y treinta y cuatro años de edad que vivían con sus padres. En un sondeo del 2003 de Monster/JobTrak.com, 61% de personas en último año de universidad afirmaron que esperaban regresar a casa después de graduarse.[12] Un artículo de la revista *Time* también examina esta tendencia:

> [Estos B2Bs] no son perezosos, continúa la polémica, están cosechando el fruto de décadas de prosperidad y liberación social estadounidense. Este nuevo período es una oportunidad de que la gente joven saboree los placeres de la irresponsabilidad, encuentren sus almas, y escojan sus sendas de vida... Los investigadores temen que se haya descompuesto cualquier maquinaria cultural usada para convertir chicos en adultos, que la sociedad ya no proporcione a los jóvenes el eje moral y los medios para asumir sus lugares justos en el mundo adulto. ¿Será que convertirse en adulto es más difícil de lo que solía ser?»[13]

Tengo que decirlo, papá y mamá. Lo *último* que quiero es que mis hijos regresen a casa. ¿Quieren decir ustedes que debo cuidarlos mientras son pequeños, pagar sus gastos de universidad, y luego encargarme también de ellos después de la universidad? ¡No, gracias!

Cuando no proporcionamos un ritual de transición a nuestros chicos, terminan como los B2Bs: confundidos. Al observar la vida de Jesús comprendemos que él nunca fue adolescente en el sentido moderno. No debió pasar por la triste confusión de la adolescencia o la irresponsabilidad extendida de los B2Bs... y los hijos suyos también pueden evitarlo. Por medio de *Ritual de transición en la crianza de los hijos* deseo proporcionarle una manera para que sus hijos hagan la transición de la infancia a la edad adulta capaz y responsable. Veamos cómo podemos ayudarlos a preparar a sus hijos... para la vida.

⚜ Resumen de *Ritual de transición en la crianza de los hijos* ⚜

Jesús experimentó un claro ritual de transición a través de la costumbre judía del Bar Mitsvá. Él demostró esto cuando fue al templo en Jerusalén a los doce años de edad, asumiendo responsabilidades y consecuencias de adulto.

Nuestra cultura ha inventado el concepto de adolescencia, y también hemos comenzado a aumentar la edad de la esperada responsabilidad de adulto, mientras sigue bajando la edad de madurez física. Puesto que nuestra sociedad está confundida respecto a cuándo empieza la edad adulta, muchos jóvenes siguen falsos rituales de transición para probarle al mundo que son adultos. Otros extienden su infancia regresando a sus hogares de la infancia. Los padres apoyan esta moda al convertirse en padres helicópteros que según parece no logran soltar a sus hijos. Al mismo tiempo les decimos a nuestros chicos: «¿Por qué sencillamente no maduras?»

EXPERIENCIA ESENCIAL #1: SEÑALE LA MADUREZ DE SUS HIJOS POR MEDIO DE UN RITUAL DE TRANSICIÓN

Podemos ayudar a proveer un cierre a la infancia de nuestros hijos proporcionándoles medios que marquen su madurez por medio de un ritual de transición.

Volvamos a John-Boy Walton, nuestro joven favorito de los montes Blue Ridge. Pensemos una vez más en él, no como lo habríamos visto durante la época de la depresión sino como lo veríamos hoy.

Nuestro John-Boy moderno sale a encontrar a su abuelo. Lo primero que observamos es que sus pantalones desteñidos y rotos son al menos tres tallas demasiado grandes. La pretina le baja hasta las caderas, dejando al descubierto unos calzoncillos bóxer con puntitos redondos tan subidos que parecen cubrirle el ombligo. Su colorida camisa, de una talla diseñada para que le quede mejor a John Wayne que a John-Boy, contrasta con el pañuelo estampado muy apretado que le envuelve la cabeza y las centelleantes cadenas que le cuelgan del cuello.

John-Boy camina despreocupado arrastrando los pies hacia el abuelo, inclinándose un poco hacia un lado. Se aprieta con fuerza los brazos contra el pecho, las manos le penden sin energía, y tiene desatados los dos cordones. El abuelo no sabe si reír a carcajadas ante esta extraña criatura o sacar su pistola y sacrificarla para que no sufra más.

De repente el enjoyado John-Boy habla con acento campechano, pronunciando cosas sin sentido, como «Qué bacán viejo, ¿tigusta mi nueva pinta? ¡Puaf! Creu qui sí, ti gusta. Igual qui tuititos en casa... ¿vale viejo?» Esta ilustración imaginaria nos hace reír porque sabemos que el verdadero John-Boy nunca soñó con vestirse, hablar o actuar de este modo. El John-Boy de los montes de los Walton usaba ropa y vocabulario de adulto, y practicaba conducta de adulto porque vivía como adulto. La sociedad agrícola en la que vivía le proporcionaba un ritual *informal* de transición.

La sociedad de John-Boy, y sin duda su familia, le habían cerrado la infancia, y él tenía la expectativa no escrita (un ritual informal de transición) de que ahora viviría y actuaría como adulto. Sin duda, como adulto no se dirigiría a su abuelo en esa forma descrita arriba, y con seguridad el abuelo Walton le habría pedido que no fuera tan «extravagante». John-Boy se movió hacia la responsabilidad total de adulto a una edad en que por lo general se considera a la mayoría de los jóvenes «simplemente muchachos» a quienes no se puede responsabilizar de nada.

C‍ALEB Y LAS GUÍAS GRATIS DE APARTAMENTOS

Aunque nuestra cultura nos dice que no podemos esperar que los jóvenes se comporten de manera responsable, Dios ha puesto dentro de todo niño el deseo de hacer cosas de grandes. Mi hijo Caleb no fue la excepción. Durante los primeros años de nuestro hijo, nuestra familia vivió en un vecindario en las afueras de la ciudad. Nuestra casa estaba convenientemente situada a solo unas cuantas cuadras de una pequeña tienda de comestibles. Como vivíamos tan cerca de esta tienda, nuestros muchachos eran unos de sus mejores clientes.

Un día cuando Caleb tenía como cuatro años llegó a casa con un montón de guías gratis de apartamentos... de las que se encuentran al lado de las cajas en casi todo supermercado.

—¿Qué vas a hacer con esas guías, Caleb? —le pregunté, curioso respecto de su pesada carga.

—Voy a venderlas.

Reí ante su aire de inocencia. Siendo el padre sabio que soy, reconocí esto como el momento para una de esas importantes conversaciones entre padre e hijo… unos escasos períodos preciosos en que podría impartir valioso conocimiento a mi hijo. Lo primero que yo sabía es que debía explicar la palabra *gratis* estampada en la portada de cada guía.

—Mira, hijo, si alguna cosa es *gratis*, eso significa que cualquiera puede agarrar una.

—Pero, papá… —cuestionó Caleb.

—Caleb, no puedes vender algo que es gratis —continué, seguro de que él pronto vería el error en que estaba—. La tienda regala estos libros.

—Pero, papá… —intentó de nuevo.

—Además, Caleb —le interrumpí de nuevo, ahora en realidad algo acalorado—. Esas son guías de *apartamentos*. Hijo, vivimos en un barrio *residencial*. Eso significa que las familias viven en sus propias casas.

—Pero, papá… —volví a oír su vocecita.

—Caleb —ya me estaba frustrando—, ¡nadie en un barrio residencial *necesita* una guía de apartamentos! ¿Además no puedes vender algo que es gratis!

—Pero, papá…

Ahora se habían desvanecido todos los pensamientos de educar a mi hijo.

—¡Caleb Henry! ¡Ahora mismo llevas otra vez a la tienda esas guías de apartamentos, y las colocas en el estante de donde las tomaste! ¿Me entiendes?

—Pero, papá… —lanzó una súplica final mientras miraba con ojos nostálgicos.

Tragué saliva dos o tres veces mientras luchaba por mantener la compostura.

—¿De qué se trata, Caleb?

—Papá, este es mi segundo cargamento —manifestó mi hijo, al mismo tiempo que metía sus mugrientos dedos en el bolsillo de su pantalón y sacaba, no una ni dos, sino todo un puñado de monedas de veinticinco centavos.

Yo fui quien recibió educación ese día. ¿Quién sabía que se ganaba dinero vendiendo guías gratis de apartamentos? Por supuesto, Caleb lo hizo, aun a sus cuatro años de edad. Ganar dinero es una responsabilidad de adulto, algo que los adultos generalmente obtienen al conseguir un empleo. Caleb quería hacer algo para mostrar que estaba creciendo, y su autoproclamado trabajo de vender guías gratis de apartamentos suplió perfectamente esa necesidad... incluso en un barrio residencial.

Preparación, experiencia y festejo

¿Qué puede hacer usted para proveer un cierre a la infancia de sus hijos, al prepararlos para la vida ayudándoles a entrar a la edad adulta responsable? Usted ya sabe la respuesta: proporcionar un ritual de transición, un paso definido entre los dos reinos. Sin embargo, usted simplemente no despierta un día a su hijo con las palabras: «Llegó el momento. Hoy... ¡eres adulto!»

En la cultura judía los niños oyen de sus próximos rituales de transición desde que nacen. Desde sus primeros días los padres les lanzan de manera consciente y deliberada una visión de la edad adulta. Les dicen a sus hijos una y otra vez que llegará el día en que dirigirán la adoración en el templo, dirán de memoria una parte de la Torá, y comenzarán a aceptar responsabilidades de adulto. La ceremonia Mitsvá es un acontecimiento en que el niño demuestra habilidades de adulto. No obstante, también se festeja la preparación que ha llevado al niño a este punto.

La definición general para un ritual de transición incluye todos los tres componentes: preparación, experiencia y festejo. El *Ritual de transición en la crianza de los hijos* le enseña a usted cómo usar estos elementos, junto con los analizados en las tres secciones restantes del libro, para volver a incorporar en las vidas de sus hijos las cuatro experiencias esenciales que nuestra cultura perdió al cambiar.

- ❧ Ritual informal de transición: Una distinción entre la infancia y la adultez señalada por responsabilidades y consecuencias de adultos, en lugar del reconocimiento formal por medio de una experiencia y un festejo.

- ❧ Ritual de transición: Una línea claramente definida que distingue la infancia de la edad adulta. Incluye los siguientes componentes.

 * Preparación para el ritual de transición: Serie de tareas crecientes diseñadas para edificar responsabilidades de adulto en la vida de un individuo, que lo preparan para la transición de la infancia a la adultez responsable.
 * Experiencia del ritual de transición: Un paso que lleva rápida y terminantemente a un individuo de la infancia a la a la adultez responsable.
 * Festejo del ritual de transición: Un reconocimiento formal hecho por la familia y los amigos que registra el cruce de la línea entre la infancia y la edad adulta.
 * Edad adulta emergente: Estado en el cual los jóvenes han experimentado un ritual de transición y asumen gradual y totalmente responsabilidades y consecuencias de adultos.

A solas en casa

Uno de los aspectos que logramos a través de los Ministerios Awe Star, la organización que fundé, es enseñar a los estudiantes a vivir en nuestro mundo multicultural. Ya no tenemos el privilegio de aislarnos en una sola cultura. Durante mi desarrollo en el campo de Missouri no tuve exposición a comidas o viajes internacionales. Hoy día las personas tienen mucha variedad de restaurantes multiculturales, y con frecuencia sus empleos las llevan a diferentes partes del mundo. Es más, las compañías buscan empleados con modos internacionales de pensar. Los Ministerios Awe Star ayudan a proveer a los jóvenes las habilidades para adaptarse a un mundo globalizado.

Mientras escribía este libro llevé a un grupo de estudiantes de Awe Star a experimentar la cultura de los emberá. Este pueblo, con el cual nuestro ministerio ha tenido una fuerte relación, se origina en las selvas de Panamá cerca de la frontera colombiana. Al vivir entre los emberá sigo el ejemplo de Pablo: «A todos me he hecho de todo» (1 Corintios 9.22). Adquiero tatuajes tribales, asumo responsabilidades de adulto como miembro de la tribu, y observo su cultura desde esta posición estratégica interior.

Un día durante una de mis visitas a los emberá, el jefe señaló a su cuñada de doce años de edad y me dijo que ella se casaría el año próximo. Curioso, le pregunté acerca de la ceremonia de bodas. Me contestó que su pueblo no tiene ninguna. Lo que tienen en vez de boda es un ritual bien definido de transición.

En la cultura emberá, como entre los doce y catorce años de edad, un joven y una joven construyen juntos una casa. Trabajan codo a codo todos los días, haciendo su casa de la madera, las enredaderas y las hierbas que encuentran en la selva. Durante el período de construcción regresan todas las noches por separado a las casas de sus padres. Al terminar la vivienda se mudan a ella… juntos.

Una vez que los dos jóvenes han logrado la tarea de adultos de construir la casa, la tribu los ve como casados y, de igual importancia, los considera adultos. De este modo la construcción de la vivienda sirve como experiencia del ritual de transición de la tribu emberá.

RITUAL DE TRANSICIÓN DE LOS EMBERÁ

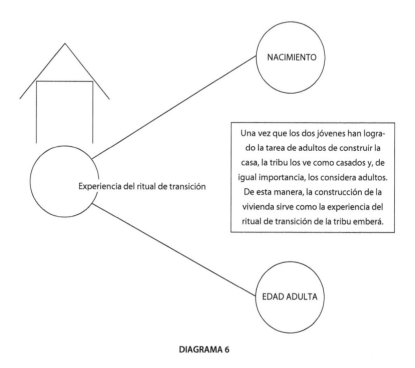

NACIMIENTO

Experiencia del ritual de transición

Una vez que los dos jóvenes han logrado la tarea de adultos de construir la casa, la tribu los ve como casados y, de igual importancia, los considera adultos. De esta manera, la construcción de la vivienda sirve como la experiencia del ritual de transición de la tribu emberá.

EDAD ADULTA

DIAGRAMA 6

En lo profundo de las selvas de Panamá nadie se pregunta si estos dos jóvenes podrán atravesar su experiencia del ritual de transición. («¿Cree usted que pueden hacerlo? ¿Podrán edificar esa casa?» «Ah, ¡espero que así sea! ¡Quizás deberíamos ir a ayudarlos!») Su cultura ha preparado a la pareja desde la infancia para este momento definido. Los niños pequeños aprenden a tejer las enredaderas que formarán el techo de su casa. Llevan madera, y practican tallando esa madera que se ha de convertir en los pilotes que sostendrán la estructura. Llegar a dominar cada una de estas tareas —diseñadas para forjar responsabilidades de adulto en ellos y prepararlos para la transición de la infancia a la edad adulta responsable— asegura que cada uno de ellos esté listo para experimentar un ritual de transición.

EN LAS ENCRUCIJADAS

La Biblia nos enseña: «Paraos en los caminos, y mirad, y preguntad por las sendas antiguas, cuál sea el buen camino, y andad por él, y hallaréis descanso para vuestra alma» (Jeremías 6.16).

Como padres, muchos de nosotros nos encontramos parados en una encrucijada en nuestras relaciones con nuestros hijos. Sencillamente no sabemos qué hacer. En estas situaciones nos podríamos sentir como padres McDavid's que tratan de trabajar con chicos McDonald's. Después de todo, fuimos criados para respetar a nuestros mayores, para asumir responsabilidad por nuestras acciones, y para responder con vocabulario y conducta de adultos. De alguna manera, sin embargo, la cultura ha cambiado, y nuestros chicos se han extraviado. Estamos en la encrucijada.

Por otra parte, algunos de nosotros fuimos criados como chicos McDonald's. Nuestros padres no construyeron las sendas antiguas de responsabilidades de adultos y de destrezas para vivir nuestras vidas. En consecuencia, no tenemos idea de cómo edificar esas importantes experiencias en las vidas de nuestros hijos. También estamos en la encrucijada.

Cuando usted está en la encrucijada tiene que tomar una decisión: caminar o no. ¿Seguirá las sendas antiguas, el buen camino que sabemos que produce hijos responsables, y capaces, o continuará caminando por las sendas que ha levantado nuestra cultura?

Ambas sendas tienen resultados previsibles. Sabemos que criar hijos del modo que recomienda nuestra cultura no produce adultos responsables e independientes. Esas sendas terminan en chicos rebeldes y contestones que no pueden cuidar de sí mismos. Al estar usted en la encrucijada no es demasiado tarde para cambiar el modo en que camina: la forma que usted escoge para criar a sus hijos. Sea que su hijo tenga dieciséis, diecisiete o incluso treinta años de edad... no es demasiado tarde.

Yo le puedo ayudar a «solucionarlo» enseñándole el *Ritual de transición en la crianza de los hijos*. Hemos estado caminando por la senda equivocada, y no queremos seguir más ese camino. Mire las sendas antiguas, y aprenda. Caminar, o no caminar... es decisión suya.

Impulso lunar

Como pastor de jóvenes, aún frustrado porque los estudiantes con que trabajaba no parecían llegar a la madurez responsable y capaz, finalmente comencé a estudiar el *camino probado y verdadero* que presenta la Biblia. Yo estaba consciente de que llegaría un momento en que debíamos redirigir la vida de un estudiante desde la infancia y hacia una orientación de adulto. Un día estaba hablando de esta idea con mi amigo Tom, un ingeniero que diseña propulsores para el programa del trasbordador espacial. Él empezó a hablarme de algo que considera un concepto muy básico.

Tom explicó que los motores del cohete usados para lanzar los satélites y los trasbordadores espaciales casi no tenían poder suficiente para mover estas pesadas naves espaciales de un planeta a otro. A fin de adquirir la propulsión necesaria aprovecharon un asombroso efecto que los científicos llaman *impulso lunar*. Este fenómeno científico, también llamado *ayuda de gravedad*, utiliza la fuerza gravitacional de la luna para acelerar la velocidad de una nave espacial y redirigir su trayectoria en una nueva dirección. Su efectividad la ha convertido en una parte normal de los vuelos espaciales modernos.

Digamos que una sonda espacial está saliendo de la Tierra y se dirige a una expedición en Marte. Los expertos aeronáuticos dirigen primero su nave espacial a la luna. Cuando sale de la gravedad de la Tierra empieza a entrar a la fuerza gravitacional del sol. Finalmente, sin embargo, la fuerza gravitacional de la luna comienza a atraer la nave hacia la superficie lunar con velocidad creciente.

En ese preciso momento los científicos utilizan la gravedad de la luna como un impulso lunar, cambiando la dirección de la sonda y disparándola como un bólido en una dirección totalmente nueva, en este caso, hacia Marte, a una velocidad mayor. Esta parte específica de la trayectoria de la sonda, llamada *límite*, ocurre cuando los científicos usan la aceleración combinada y la nueva fuerza gravitacional de una nave espacial para volver a fijar su curso. Sin esta ayuda de gravedad la nave espacial no tendría suficiente impulso para llegar a su destino final.

La primera nave espacial en experimentar una ayuda de gravedad fue la Pioneer 10 de la NASA. En diciembre de 1973 se dirigió a un encuentro con Júpiter, el planeta más grande del Sistema Solar, viajando a 9,8 kilómetros por segundo. Siguiendo su viaje a través del campo gravitacional de Júpiter, entró al espacio profundo a 22,4 kilómetros por segundo… como cuando usted se suelta de un tiovivo que gira y sale volando en una dirección. A esta clase de aceleración también se le llama el *efecto impulsor*.[1]

PIONEER 10

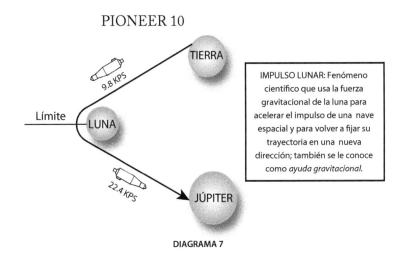

IMPULSO LUNAR: Fenómeno científico que usa la fuerza gravitacional de la luna para acelerar el impulso de una nave espacial y para volver a fijar su trayectoria en una nueva dirección; también se le conoce como *ayuda gravitacional*.

DIAGRAMA 7

LA CRIANZA DE LOS HIJOS *ES* CIENCIA DE COHETES ESPACIALES

Con el impulso lunar en mente, si alguien le dice a usted que la crianza de los hijos no es ciencia de cohete espacial… esa persona se equivoca. Permítame utilizar este modelo para ayudarnos a comprender esta idea de redirigir las vidas de nuestros hijos desde la senda de la infancia hacia la de la vida responsable de adulto.

Papá y mamá: cuando su bebé nace debe estar cerca de ustedes. Depende de ustedes para que le proporcionen todo lo que necesita: alimento, refugio y pañales limpios, por no mencionar un monitor de vigilancia modelo iPod. Si este niño ha de convertirse en un adulto capaz, responsable e independiente, tiene que recorrer un largo camino. Deben prepararlo para un ritual de transición, a fin de que pueda gradualmente asumir más y más responsabilidades de adulto. Igual que el Pioneer 10 dirigido hacia Júpiter, llega un momento en que se acelera lo suficiente como para alcanzar un límite, cuando deja la influencia directa de ustedes. En ese momento puede tomar una nueva dirección aun con más impulso y un enfoque fresco. En otras palabras, ahora está listo para experimentar un ritual de transición.

> ◆ LÍMITE: El punto en que los científicos utilizan la aceleración combinada y nueva fuerza gravitacional de una nave espacial para volver a fijar su curso.

Muchas culturas tienen una costumbre definida que determina la experiencia del ritual de transición. Para el pueblo emberá es construir la casa. En algunas regiones del mundo de habla castellana se agasaja a la *quinceañera*, festejo este que tradicionalmente se realiza cuando una jovencita llega a los quince años. Para el pueblo judío es el Bar o Bat Mitsvá.

Después de la ceremonia del Mitsvá los jóvenes judíos están listos para mostrar al mundo que pueden hacer cosas de adultos. ¿Son totalmente adultos solo porque han pasado por la ceremonia? Desde luego que no. Aunque estos jóvenes han experimentado un ritual de transición, gradualmente asumirán por completo responsabilidades y consecuencias de adultos. Son lo que prefiero llamar *adultos emergentes*.

La experiencia del ritual de transición es la línea divisoria que cambia la trayectoria de la vida del niño, disparándolo hacia un nuevo curso y haciéndole ganar aun más impulso hacia la edad adulta capaz, responsable e independiente. No obstante, si no proveemos un ritual de transición —que incluye preparación, experiencia y festejo— que vuelva a fijar las vidas de los chicos a medida que se van liberando de la influencia directa de sus padres, los chicos terminan yendo a la deriva… y quizás hasta se estanquen en el espacio sideral (o en sus dormitorios infantiles).

La buena noticia es que podemos aprender a ayudar a nuestros chicos a aprovechar el efecto impulsor. Esto les permite dejar de depender de sus padres para sus alternativas, decisiones y necesidades. Es más, esta experiencia esencial los libera al ayudarles a cambiar su enfoque y recibir el impulso que necesitan para alcanzar la adultez responsable y capaz. Podemos imaginarlo, usando la ilustración del diagrama 8.

RITUAL DE TRANSICIÓN EN LA CRIANZA DE LOS HIJOS

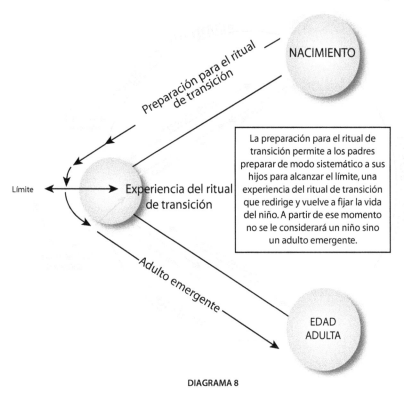

NACIMIENTO

Preparación para el ritual de transición

Límite

Experiencia del ritual de transición

La preparación para el ritual de transición permite a los padres preparar de modo sistemático a sus hijos para alcanzar el límite, una experiencia del ritual de transición que redirige y vuelve a fijar la vida del niño. A partir de ese momento no se le considerará un niño sino un adulto emergente.

Adulto emergente

EDAD ADULTA

DIAGRAMA 8

La flecha horizontal en el diagrama representa una experiencia del ritual de transición que lleva a los chicos de la infancia a la edad adulta. En primer lugar, en el lado superior (infancia) del diagrama, usted prepara a sus hijos. A medida que les enseña y los entrena (preparación para el ritual de transición), ellos adquieren más y más de las habilidades que necesitan para vivir de modo independiente y asumir cada vez más y más responsabilidades de adultos. Esta capacitación les ayuda a avanzar a paso acelerado hacia la experiencia del ritual de transición, la línea en el diagrama, que los impulsa eficazmente en la vida como adultos emergentes, la parte más baja del diagrama. Un reconocimiento público de lo que ha ocurrido por medio de la preparación y la experiencia del ritual de transición es el festejo del ritual de transición: un reconocimiento formal de la familia y los amigos de que el niño ha cruzado la línea hacia la edad adulta.

> ༺ ADULTOS EMERGENTES: Jóvenes que han experimentado un ritual de transición y asumen gradualmente todas las responsabilidades y consecuencias de adultos.
>
> ༺ PADRES QUE BRINDAN RITUAL DE TRANSICIÓN: Padres que dirigen a sus hijos hacia la adultez capaz, responsable e independiente al proporcionarles medios para cerrar la infancia y experimentar un ritual de transición.

En este punto los adultos emergentes no vuelven corriendo al dormitorio ni buscan a sus padres helicópteros. La preparación para el ritual de transición los ha capacitado bien, y ellos aceleran hacia su destino final de la edad adulta aceptando responsabilidades de adultos y enfrentando consecuencias de adultos *por su cuenta*. Responden como adultos emergentes capaces y responsables. Igual que todos nosotros, ellos todavía se equivocan, y aún están aprendiendo, pero no regresan a su infancia. Así como Jesús en Jerusalén, ellos saben que han cruzado la línea hacia la adultez cuando viven una significativa experiencia del ritual de transición.

Padres, les oigo decir: «No vivo en Jerusalén... y sin duda no estoy criando a Jesús». ¿Cómo dar a nuestros chicos McDonald's un ritual de transición? ¿Cómo volver a fijar sus vidas hacia la

༺

EL PRINCIPIO DE EXPECTATIVA ESTABLECE QUE LAS IDEAS Y LOS PENSAMIENTOS PLANTADOS EN LA MENTE DE UN INDIVIDUO LE AYUDAN A GUIAR SU DESARROLLO FUTURO.

edad adulta responsable? Pasaré el resto de este libro preparándolos para solucionar la situación al convertirse en padres que brindan un ritual de transición. Comencemos con lo básico.

El principio de la expectativa

El principio de expectativa establece que las ideas y los pensamientos plantados en la mente de un individuo le ayudan a guiar su desarrollo futuro.

Si usted quiere convertirse en padre que brinda ritual de transición debe proyectar expectativas positivas en las vidas de sus hijos, para que más tarde logre provocar un ritual de transición. Desde que sus hijos nacen (o tan pronto como usted entienda estas verdades), debe hablarles, lanzando a sus vidas la meta de una adultez capaz, responsable e independiente.

Usted hace esto asegurándoles que llegará un día en que crecerán. Es más, ellos ya son mucho menos dependientes de usted de lo que eran al nacer. Ahora mismo, explíqueles, usted provee para muchas de sus necesidades básicas. Usted les compra la comida y la ropa. Usted provee el vehículo en que se transportan, y el lugar donde viven. Algún día ellos comprarán lo que necesitan... todo por sí mismos. Entonces aprenderán a conducir y a cuidar sus propios autos, y tendrán sus propias casas. Como adultos responsables cuidarán de todas esas áreas y más... completamente por sí mismos. Usted desea ayudar a prepararlos para que tomen decisiones sabias en el futuro, forjándoles gradualmente hoy sus habilidades, capacidades y responsabilidades.

Al tener estas conversaciones con sus hijos, y debe tenerlas una y otra vez mientras crecen, usted los está preparando para el día en que vuelve a fijar sus vidas hacia la edad adulta responsable. Si usted quiere incluso puede usar el ejemplo del impulso lunar para hablarles del modo en que acelerarán al adquirir habilidades y responsabilidades, alcanzar el límite, cambiar de dirección, y luego salirse de su dependencia infantil y entrar a las responsabilidades y consecuencias de adultos. Usted puede afirmar el deseo de sus hijos de crecer comenzando, tan pronto como le sea posible, esta preparación para el ritual de transición.

LA EXPERIENCIA DEL RITUAL DE TRANSICIÓN

Una de las razones de que en Estados Unidos tengamos problemas en proyectar expectativas positivas y dar lugar a una adultez responsable en nuestros hijos es porque no hemos identificado una experiencia que les ayude a decir: «Mírenme. Estoy haciendo cosas de adulto; por tanto, soy un adulto». Igual que Johnny con su canasta de actividades de adulto, los jóvenes andan en busca de este acontecimiento que les señale su transición a la adultez madura.

¿Qué específicamente es experimentar el ritual de transición? El acontecimiento mismo variará de familia en familia, y de niño en niño. Los padres pueden determinar mejor una actividad que dará lugar a la edad adulta para un niño particular, alejándolo de zonas cómodas y presentándole responsabilidades de adultos. Para que esto sirva como una verdadera experiencia de ritual de transición, su esfera debería extenderse mucho más allá de un proyecto exigido de clases o un proyecto de servicio de iglesia o de colegio. Los ejemplos incluyen:

- Organizar y supervisar un proyecto en un refugio de personas desamparadas
- Crear y administrar un programa de dar clases particulares en una escuela primaria
- Planificar y realizar una actividad de recaudación de fondos para una causa

En cada caso el niño debería manejar todos los detalles del acontecimiento, yendo más allá de la simple participación (conducta infantil) hacia la iniciación, organización y ejecución (responsabilidad de adulto).

Creo que en última instancia la experiencia del ritual de transición es algo en que el estudiante cruza las fronteras culturales para asumir responsabilidades y consecuencias de adultos. En el mundo cristiano indicaría un viaje misionero a otras culturas, particularmente a una que haya sido diseñada con determinación para levantar destrezas de adulto en los participantes.

Para vivir una verdadera experiencia de ritual de transición los chicos deben salir del reino de la potestad de los padres. De este momento en adelante volvemos a establecer el reloj mental de nuestros chicos para que ya no se perciban como niños sino como adultos emergentes. Sus padres también deben pensar de modo diferente, usando expectativas positivas para dar lugar a responsabilidades de adulto.

RITUAL DE TRANSICIÓN EN LA CRIANZA DE LOS HIJOS

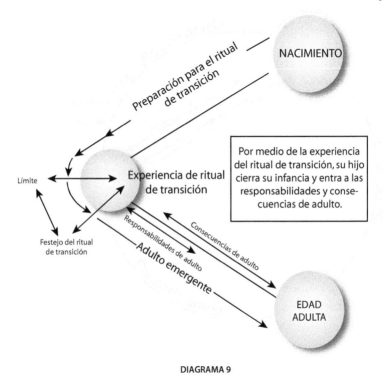

NACIMIENTO

Preparación para el ritual de transición

Límite

Experiencia de ritual de transición

Por medio de la experiencia del ritual de transición, su hijo cierra su infancia y entra a las responsabilidades y consecuencias de adulto.

Festejo del ritual de transición

Responsabilidades de adulto

Consecuencias de adulto

Adulto emergente

EDAD ADULTA

DIAGRAMA 9

FESTEJO DEL RITUAL DE TRANSICIÓN

Después de que la experiencia del ritual de transición dé lugar a la edad adulta en su hijo es necesario un festejo del ritual de transición para él, para su familia, y para todos los demás que presencian este momento memorable. Los padres que brindan rituales de transición proyectarán la expectativa muy por delante del momento para este hito, el cual comunica al mundo que el adulto emergente ha dado pasos específicos.

El festejo del ritual de transición se debería realizar cuando su hijo tiene entre trece y quince años de edad. Quienes participan en él verán claramente que este niño se ha ganado el derecho de entrar a la edad adulta... para depender más de Dios y de sí mismo que de sus padres. Los padres que brindan ritual de transición permiten que sus hijos lleguen a este punto por medio de la preparación hacia el ritual de transición. La sección dos de este libro analiza detalles precisos para dar a sus hijos cada vez más tareas que propulsen este proceso.

Muchos padres marcan en una puerta, una pared o un gráfico especial el crecimiento físico de sus hijos. Disfrutan la revisión periódica de estas marcas y comparan a sus hijos contra estas marcas. Del mismo modo, los padres que brindan rituales de transición sabrán si sus hijos están listos para su experiencia y el festejo del ritual de transición, comparándolos con ciertas marcas de responsabilidad. Estas marcas, como se explicó aquí, muestran que los chicos tienen lo necesario para actuar como adultos.

CÓMO LLENAR LA CANASTA DE JOHNNY: CINCO MARCAS

¿Recuerda usted al pequeño Johnny de un lado para otro recogiendo actividades de adulto para colocar en su canasta? El libro de 1 Timoteo contiene un versículo que nos da una gran definición del otro lado de la experiencia del ritual de transición, y nos muestra cómo la gente sabe que el pequeño Johnny es un adulto de verdad: «Que nadie te menosprecie por ser joven. Al contrario, que los creyentes vean en ti un ejemplo a seguir en la manera de hablar, en la conducta, y en amor, fe y pureza» (4.12, NVI). Ese versículo presenta cinco señales clave que nos ayudarán a preparar a un niño para un ritual de transición.

Cuando tenía solo diez años de edad, Jesús había tenido que aprender de memoria en su totalidad los cinco primeros libros de la Biblia. Ese fue su *beth zaphar*, una de las señales de madurez que la cultura judía imponía en ese tiempo sobre sus miembros. Asimismo, debemos poner señales en las vidas de nuestros hijos que les ayuden a moverse hacia una experiencia y un festejo del ritual de transición. Estos pasos son parte importante de la preparación para el ritual de transición. Nos ayudan a preparar los corazones y las vidas de los chicos para el viaje hacia la adultez capaz, responsable e independiente.

Señal #1: Palabras

Cuando nuestros hijos son bebés hablan como es de esperar que hablen los niños pequeños. Esperamos ansiosamente ese primer «pa-pa» o «mama», aplaudiéndolo cuando llega. Pero a medida que nuestros hijos crecen y maduran debemos animarlos a ir hacia el vocabulario adulto.

Como hemos analizado, nuestra cultura ha cambiado dramáticamente; nuestros hijos han experimentado pérdidas en el proceso. Los chicos de hoy están más cómodos conectados *en línea* que *en obediencia*. Los estudiantes de colegio y universidad de hoy son la primera generación que crece viendo imágenes de niños perdidos en cartones de leche. Componen la primera generación a la que le dicen que no hable con extraños, la primera que pasa más horas adentro frente a una computadora que afuera jugando con hermanos. Es más, nuestras habilidades tecnológicas en aumento han erosionado las habilidades de habla de nuestros chicos.

A menudo puedo medir el nivel de madurez de un estudiante simplemente por cómo se comunica. Jesús se sentó en el templo a los doce años de edad a hablar con los «maestros de la ley». Él sabía cómo hacer las preguntas adecuadas, reunir información, procesar lo que había oído, e interactuar inteligentemente con los demás adultos alrededor de él.

El lenguaje adolescente conocido como *teenspeak* [terminología adolescente] es otro falso ritual de transición para la generación de hoy. Los estudiantes hablan y envían mensajes de texto en un código siempre cambiante que desconcierta a los adultos. Usar palabras que no entienden los adultos les da cierto sentido de control. Subgrupos de adolescentes hasta cambian el significado de las palabras del código, creando un círculo exclusivo y separando a otros adolescentes.

Ni John-Boy ni Jesús necesitaron idioma adolescente que les diera poder. Cada uno había experimentado un ritual de transición, y había asumido responsabilidades de adulto. Cada uno podía comunicarse como adulto con otros adultos.

Sé que usted es adulto cuando deja lo que es de niño,
incluyendo su vocabulario (1 Corintios 13.11).

↝ Teenspeak: Lenguaje codificado usado por el subgrupo adolescente como medio de obtener poder.

Señal #2: Acciones

Esta parte de la preparación para el ritual de transición cubre la conducta. En Lucas 2, Jesús se sometió a sus autoridades en el templo, actuando como adulto. Los chicos MacDonald's no se comportan de este modo, ¡y como resultado muchos negocios no quieren que se acerque ningún grupo de jóvenes! Es más, a menudo los empleados de hoteles llaman «adolescentes del infierno» a grupos de iglesia porque corren de arriba abajo por los pasillos, dando portazos y gritando. En los restaurantes detestan que estos mismos grupos los visiten los miércoles por la noche o los sábados por la tarde, porque allí los chicos tampoco exhiben conducta de adultos. ¿Se puede usted imaginar al abuelo corriendo por el área de comedor, gritando a todo pulmón, o a la abuela usando su pajita de beber para lanzar tacos de saliva a su mejor amiga?

¡Por supuesto que no! Estas bromas son para niñitos.

Sé que usted es adulto cuando se comporta de manera aceptable y apropiada.

Señal #3: Amor

La clase de amor que demuestra disposición adulta es desinteresada, no un amor infantil que solo considera el «yo» y lo «mío». El amor adulto antepone las necesidades de los demás. Los jóvenes de hoy día quieren que sus familias escatimen el dinero para que ellos puedan tener un iPod o unirse a sus amigos en el viaje a esquiar de último año. Estos chicos McDonald's esperan que sus padres se sacrifiquen para darles gusto, pero casi nunca piensan en renunciar a sus deseos para ayudar a alguien más.

Mi hijo Jeremiah demostró un amor de adulto cuando su abuela enfermó de cáncer. Como estudiante de tercer año y recién transferido al Instituto Hannibal-LaGrange, asumió la responsabilidad de adulto de cuidar a su abuela en los últimos nueve meses antes de que se fuera al cielo.

Durante este tiempo Jeremiah vivió en el hogar de la abuela, cuidaba la casa y el patio, la llevaba a las citas médicas, y le suplía muchas de sus demás necesidades. Hasta le compró una campanita para que la hiciera sonar cada vez que necesitaba ayuda, y pasaba gran parte de su tiempo fuera de clases asegurándose que ella estuviera cómoda.

Al hacer estas cosas, Jeremiah demostró un amor adulto. El amor adulto entiende que a veces las necesidades de otros pesan más que las nuestras. El amor adulto también comprende que las necesidades de muchos a veces pesan más que las de uno, aunque esto signifique esperar un poco antes que usted consiga ese teléfono celular o ese reproductor MP3.

Sé que usted está listo para experimentar un ritual de transición cuando toma decisiones asegurándose que se suplan las necesidades de otros antes que las suyas.

SEÑAL #4: FE

Muchas personas creen que esta área de madurez se refiere a fe religiosa. Al contrario, se trata de una palabra que significa fidelidad. Fidelidad significa que si yo le ofrezco a usted un trabajo, puedo contar conque usted lo termine. Usted es una persona confiable. Si usted me da su palabra, sé que hará lo que prometió hacer. Sin embargo, fidelidad no es algo que parezcan valorar nuestros chicos McDonald's.

Sucedió una vez que el mayor de los demonios le dio una tarea al menor: idear algo que enloqueciera al líder de jóvenes, algo que hiciera de su trabajo un ejemplo vivo del predominio maligno. Se reunieron a planificar.

—¿Qué tal una vigilia que dure toda la noche? —preguntó uno de los demonios.

—No, ya lo intentamos —replicaron los demás—. El pastor de jóvenes es muy sabio en ese campo.

—¿Qué tal una venta de pasteles?

—No resultó, ya se hizo, tuvo un éxito tremendo —volvieron todos a replicar.

—¿Qué tal un lavado de autos? —expresó entonces el menor de los demonios.

—¡Eso se *hizo* el año pasado! —exclamaron todos.

—Lo sé —contestó el joven amigo—, ¡pero esta vez nos aseguraremos que los chicos no lleguen!

Por tanto el inocente pastor de jóvenes trabajó duro y montó un lavado de autos con el fin de recaudar dinero para personas desamparadas. Tenía treinta chicos anotados para que le ayudaran. Temprano en la brillante mañana sabatina nuestro joven pastor de jóvenes estaba listo. Se levantó al amanecer, dejó durmiendo a su familia, y estuvo en el estacionamiento de la iglesia a las siete de la mañana con baldes, mangueras, esponjas y jabón... pero no había estudiantes.

Finalmente, a las siete y media decidió llamar a uno de los miembros del equipo de liderazgo para averiguar dónde se hallaba. «Se supone que debías estar aquí —manifestó el líder de jóvenes—. ¡Te comprometiste!»

El estudiante contestó, algo somnoliento: «Ah, tuve algo más: nuestro equipo de fútbol practica el sábado por la mañana, también. Yo sabía que no podía estar en las dos cosas, así que escogí el fútbol».

Los demonios rieron. Habían logrado que los estudiantes tuvieran *muchos* compromisos para la mañana sabatina, sabiendo que nadie escogería lavar autos. Se frotaron las manos con regocijo. No solo habían arruinado el lavado de autos sino que también habían cambiado con éxito el significado de la palabra *compromiso.*

Esta generación adquiere muchos compromisos y luego decide cuál cumplir, si es que cumple con uno. Debido a esta tendencia ahora uso la palabra *entrega* en vez de *compromiso.* Pregunto a los estudiantes si se *entregarán* a una tarea o ministerio particular. Los jóvenes modernos se permiten cambiar los *compromisos,* pero parece que comprenden la *entrega.*

> *Sé si eres un adulto cuando se puede confiar en que te*
> *entregues a una tarea o un ministerio.*

Señal #5: Vida pura

La última forma en que el joven demuestra que está listo para experimentar un ritual de transición es a través de su vida pura. En vez de animar a los estudiantes a que lleguen a dominar sus hormonas, el enemigo intenta hacer que las hormonas los dominen. Usted lo ve en todas partes: constantemente el mundo inventa excusas para el creciente comportamiento inmoral de los jóvenes.

La vida pura es esencial porque no queremos que el mensajero entorpezca el camino del mensaje. Por ejemplo, si alguien trata de contar lo maravilloso que es Dios, pero lleva un estilo de vida impuro, el mensaje desaparece.

Debemos animar a nuestros chicos a disciplinar las cinco áreas de sus vidas para que el mensaje brille cada día por medio de ellos.

Sé que eres un adulto cuando demuestras pureza moral, y
el mensaje brilla a través de ti.

¿CUÁLES SON LAS PROBABILIDADES?

Jesús fue Maestro de muchas cosas, pero una de ellas fue el principio de las expectativas positivas. A inicios de su ministerio les dijo a sus discípulos muchas cosas que *aún* no eran verdad acerca de ellos, pero que un día *serían* verdad.

Cuando crecí, este principio de expectativas positivas pesó en gran manera sobre mí, porque para nada fueron positivas las expectativas que otros proyectaron en mí. Un cartel frente a mi escuela decía: Despacio, Niños. ¡Siempre creí que se refería a mí! Yo tenía un defecto del habla, y permanecía en la *fila lenta* en el salón de clases. Como me percibía como lento, actuaba de ese modo. Obtener buenas notas siempre fue un problema para mí, y desde mis primeros días, casi todo aquel a quien conocía me daba la impresión de que yo nunca lograría mucho.

Un día Dios me trajo a alguien que continuamente puso expectativas positivas en mí. Esta persona fue un profesor de Escuela Dominical llamado Clyde Lionberger. Fue mi maestro durante esos años críticos de colegio.

Cada vez que me encontraba cerca de Clyde, él me decía que en algún momento yo iba a hacer algo grandioso. ¡Clyde incluso me dijo que un día yo iba a ser predicador! Nadie más me decía esas cosas; es más, la mayoría estaba ocupada haciendo precisamente lo contrario.

Clyde era para mí como Jesús: creía en mí cuando no había mucho que ver. De manera increíble, él vio algo de valor en Walker Moore, y usó sus palabras positivas para inspirar ese algo. Debido a su influencia llegué a creer que yo era alguien digno y de valor.

Como padres que brindamos rituales de transición, debemos ser cautos en lo que ponemos en las mentes de nuestros hijos. Después de todo, nosotros somos los guardianes de estas mentes, y debemos proteger los pensamientos de nuestros hijos de cualquier contribución peligrosa: nuestro propio vocabulario, las palabras de otras personas, o el aluvión de los medios de comunicación que arremete todos los días contra el mundo de los chicos. El enemigo quiere que ellos crean que son perdedores que nunca lograrán nada. Ponemos en nuestros hijos expectativas de fracaso cuando decimos cosas como: «¡Nunca haces nada bien!», o «¿No puedes pensar por ti mismo?» Casi todas las veces las personas honran nuestras expectativas, positivas o negativas.

De modo sabio y cuidadoso Jesús plantó ideas en las mentes de sus seguidores de que un día darían fruto sano. Cuando sus discípulos no parecían más que un puñado de idiotas incompetentes, él inspiró en ellos la expectativa positiva de que harían cosas más grandes de las que él había hecho: «De cierto, de cierto os digo: El que en mí cree, las obras que yo hago, él las hará también; y aun mayores hará, porque yo voy al Padre» (Juan 14.12).

Quienes conocían a estos hombres debieron haber reído. «Él caminó sobre el agua; sanó personas, multiplicó un poco de comida para alimentar miles de personas. ¿Cómo van *ellos* a hacer más de lo que *él* hizo?»

Estos idiotas incompetentes fueron los mismos que Dios usó para desarrollar la iglesia primitiva, y los mismos que comenzaron el movimiento que más tarde trastornaría al «mundo entero» (Hechos 17.6) proclamando el evangelio a las naciones. ¿Qué probabilidades había de que un grupo de «perdedores» lograra tan grandes cosas? Probablemente las mismas probabilidades de que alguien que de muchacho tuvo enormes dificultades para leer y hablar un día recorriera el mundo, hablando a miles de personas cada año, y escribiera libros acerca de la crianza de los hijos. Cuando Jesús entra en escena no importan las probabilidades. Estas siempre son cien por ciento.

De niño a hombre

Mientras preparamos a nuestros hijos para un ritual de transición, los padres tenemos la responsabilidad de proyectar expectativas positivas en sus vidas. Ellos deberían saber que esperamos que vivan y actúen como adultos emergentes. Quizás usted se sienta tentado de exclamar: «¡Que va! *Mis* adolescentes no lo harán».

¿Sabe qué? Usted tiene toda la razón. La mayoría de los muchachos de hoy no han tenido la oportunidad de experimentar un ritual de transición. Nuestra cultura ha privado a casi todos ellos de este paso esencial. Sin embargo, ¿qué cree usted que ocurriría si uno de los chicos McDonald's de hoy pasara por un verdadero ritual de transición?

Conozco la respuesta a esa pregunta, porque lo veo suceder todo el tiempo. Permítame hablar del impacto que la experiencia de un ritual de transición tuvo justamente en un joven que sirvió con Ministerios Awe Star durante dos veranos consecutivos. En el entrenamiento siempre les digo a mis estudiantes que no puedo llevar adolescentes al extranjero... y no puedo hacerlo. ¿Se puede usted imaginar tener que tratar con chicos McDonald's en una cultura McDavid's? Los peligros de esta situación me han llevado a proyectar la visión para la adultez en la vida de cada estudiante antes de ponerlo en un avión o de hacer que cruce una frontera.

Enseño a los estudiantes que antes de que concluyan el entrenamiento deben dejar su infancia y asumir de buena gana responsabilidades de adultos. Es más, dejar de lado su adolescencia es parte crítica de la experiencia general de los estudiantes. El momento en que dejan la infancia sirve como (usted ya lo imaginó) experiencia del ritual de transición.

Con los años hemos visto a Dios hacer algunas cosas asombrosas a medida que los estudiantes pasan sus rituales de transición. Uno de estos estudiantes fue un joven llamado Brent Higgins, hijo, conocido como «BJ». BJ llegó por primera vez en junio del 2004 a nuestro campamento de la Universidad Awe Star. A los catorce años de edad era el más joven y, de un metro cincuenta y siete centímetros de estatura y solo cuarenta y cinco kilos de peso, el estudiante más pequeño que sirvió con nosotros ese verano.

BJ estaba asignado a viajar al Perú como parte de un equipo de drama, y se nos unió en un tiempo de entrenamiento para esta labor intercultural. Cuando pregunté a los estudiantes, como hago antes de todo viaje, cuál de ellos estaría dispuesto a dejar las actitudes y acciones infantiles para adoptar la edad adulta, BJ fue el primero en aceptar el desafío. Esta decisión cambió su vida para siempre. El siguiente correo electrónico que él envió desde Perú muestra la importancia de esta experiencia:

Enviado: Miércoles, junio 30, 2004, 10:05 a.m.
Tema: A mi familia

¡Hey chicos! Ahora mismo estoy en Piura; llegamos anoche. Aquí la estamos pasando de maravilla. Me encantan todos los miembros de mi equipo y todos los demás que están en el entrenamiento...

hay muchas personas formidables. ¡Me muero de ganas de contarles acerca de todas ellas! Cuando regrese no seré el niñito que ustedes dejaron solo en el aeropuerto. Dos noches antes de salir para Perú hubo un sermón titulado «Misiones: Peligro, solo para adultos». Explicaba que es totalmente equivocada esta nueva cultura occidental de cómo somos niños, luego adolescentes desde los nueve hasta los veintiséis, después adultos… Walker usó varios pasajes bíblicos para explicar que bíblicamente, y dentro de la voluntad de Dios, pasamos de niños a adultos a través de algo. Un ritual de transición (experiencia)… Luego siguió explicando que no podíamos tener adolescentes en el campo misionero. Debíamos subir un paso y… convertirnos en adultos.

Walker expresó al final del sermón: «Aquellos de ustedes que sientan que es hora… de empezar a vivir, dirigir, servir y actuar como adultos, pónganse de pie para orar por ustedes». Temprano esa noche antes del sermón le pedí a Dios en oración que me cambiara de niño a hombre. Puesto que sabía que no podía ir en mi equipo ni ministrar en Perú como este muchacho que siempre había sido, fui el primero en ponerme de pie, luego otros más también se pararon… Por tanto, para abreviar, cuando regrese, ustedes no encontrarán al niño que conocieron sino a un hombre en su lugar.[2]

BJ adoptó su edad adulta a los catorce años de edad. En todo su tiempo en Perú mostró que sabía cómo manejar las responsabilidades y consecuencias de adulto que enfrentaba cada día. Aunque todos sus compañeros eran mayores que él, finalmente lo reconocieron como su líder.

Al BJ regresar a casa, sus familiares, aunque escépticos al principio, comprendieron poco a poco que era cierto lo que él había escrito antes: BJ había renunciado a su infancia al experimentar el ritual de transición y convertirse en hombre. Su familia lo honró con un festejo del ritual de transición en su cumpleaños número quince unos meses más tarde, pronunciando su madurez y regalándole una simbólica espada. BJ escribió acerca de esta importante experiencia en su diario en línea:

Bueno, como la parte más fabulosa y seria del obsequio, a medida que papá me lo entregaba, me indicó: «Esta espada simboliza tu ingreso a la edad adulta». Esta profunda declaración de mi padre es lo que hace a la espada, aunque pequeña en tamaño, más grande en valor que incluso mi escandaloso estéreo. No es simplemente que yo deseara de veras una espada porque esta fuera sensacional, sino porque mi padre me la obsequió, anunciando su bendición en mi ingreso hacia la madurez. Con excepción de los regalos que Dios mismo me entrega directamente, nadie podría pedir un regalo mayor.[3]

BJ y su familia entendieron: una de las mayores necesidades en la vida de un niño son padres que provean un cierre de la infancia por medio de un ritual de transición. La combinación de preparación, experiencia y festejo del ritual de transición brinda paz y alegría en la identidad de los jóvenes.

Si usted no llega a entender el *Ritual de transición en la crianza de los hijos*, sus hijos batallarán por el resto de sus vidas con preguntas profundas («¿Cuándo seré adulto? ¿Quién llegaré a ser?») Esta experiencia esencial contesta estas preguntas. Los rituales de transición son esenciales para los propósitos, las identidades, y las razones de los muchachos de estar en esta tierra. Si usted no les proporciona la llave, ellos no podrán abrir la puerta hacia una adultez capaz, responsable e independiente, ni llevar vidas plenas y llenas de significado.

⚜ Resumen de *Ritual de transición en la crianza de los hijos* ⚜

Dios ha puesto dentro de cada uno de nuestros hijos el anhelo profundamente arraigado de crecer. *Ritual de transición en la crianza de los hijos* utiliza un ritual de transición para llevar niños a la edad adulta. El proceso es comparable al impulso lunar que los científicos espaciales utilizan para aumentar la aceleración y volver a fijar la trayectoria de una nave espacial.

Cuando los niños pasan por la preparación para el ritual de transición asumen poco a poco más responsabilidades de adultos. Finalmente alcanzan un punto límite en el que están listos para experimentar un ritual de transición que redirige sus vidas. Después, un festejo del ritual de transición reconoce su estado de adultos emergentes. Cinco señales de madurez (vea 1 Timoteo 4.12) preparan a un niño para un ritual de transición, e indican su disposición para la adultez: palabras, acciones, amor, fe y pureza.

∽

TAREAS TRASCENDENTALES

CAPÍTULO CUATRO

᠆

LO QUE SE HA PASADO POR ALTO:
LOS CHICOS NECESITAN TAREAS
TRASCENDENTALES

A diferencia de las generaciones anteriores, en que los muchachos realizaban trabajos reales que importaban, los chicos de hoy no tienen actividades trascendentales: tareas especiales que demuestran su valía para las personas que son importantes para ellos.

C uando yo era un pastor de jóvenes aprendí rápidamente una realidad elemental. En la obra de la iglesia los ministros de jóvenes se ubican en el fondo de la escala de remuneraciones. Primero está el pastor, luego el ministro de música, en seguida el ministro de educación, a continuación el conserje, y por último... el pastor de jóvenes.

Debido a esta conocida verdad, los miembros de la iglesia se apiadaban de mí de vez en cuando. En una iglesia un diácono incluso me regaló un auto. Por supuesto, esto fue después de darse cuenta de que ningún comerciante se lo recibiría como parte de pago por otro vehículo. En una movida intencionada para el máximo impacto espiritual, él bendijo a nuestra familia con este vehículo extra.

Como muchas de las ofrendas dadas a la iglesia o a su personal, este auto necesitaba más que una ayudita. Siempre se estaba averiando, y siempre había que repararlo. Un día yo estaba debajo del auto, haciendo un esfuerzo por componer algo que se había echado a perder. Oí una vocecita que me llamaba recelosamente.

—Papá.

Miré hacia arriba y vi las esqueléticas piernas de cuatro años de Caleb que se ponían de cuclillas a mi lado. Su cabeza se movía de lado a lado mientras escudriñaba la oscuridad, tratando de entender lo que su padre estaba haciendo debajo del auto. Sus ojos azules miraron confiadamente a los míos.

—¿Te puedo ayudar, papá?

Al menos no me estaba queriendo vender una guía gratis de apartamentos. Al principio estuve tentado a decirle: «No. No hay nada que en realidad puedas hacer. Sencillamente déjame hacer mi trabajo, hijo... esa es la única ayuda que me puedes ofrecer mientras creces mucho más».

Sin embargo, esto no fue lo que dije. Al menos hay algunas ocasiones en que hice lo correcto.

—¡Caleb! —exclamé asombrado—. Me *alegra mucho* que llegaras exactamente ahora. Mira, de vez en cuando se me ruedan las herramientas cuando las pongo en el suelo. Hijo, ¿crees que podrías sostenerme este destornillador para que no se me pierda?

—Claro que *sí*, papá. ¡Yo puedo hacer eso!

Caleb sujetó la herramienta cerca del pecho, sosteniéndola con fuerza y entusiasmado por ayudarme. De vez en cuando yo agarraba el destornillador de sus sudadas manos, lo llevaba debajo del auto, y hacía una serie de importantes ruidos sonoros.

Al poco tiempo Cathy llegó caminando. Caleb no aguantó las ganas de hacerla partícipe de su importante noticia.

—¡Mira, mami! *¡Estoy ayudándole a papi!*

Más tarde, cuando creí que había golpeado suficientemente y quizás aun solucionado algún problema que tenía el auto en ese momento, Caleb y yo entramos a la casa. Lo primero que él hizo fue treparse en una silla al lado de su madre.

—Mamá ¡ayudé a papá a arreglar el auto! —anunció, inflando su pequeño pecho.

Podríamos sonreír, pero también entender: esos pocos minutos en el garaje significaron mucho para Caleb. Incluso a temprana edad quería tener una parte significativa y valiosa en su familia. Quería lo que llamo una *tarea trascendental*.

¿Dónde está la tarea?

Padres, permítanme hacerles una pregunta: ¿Qué hace su hijo para demostrar su valía y agregar valor a su familia? Si hoy día él estuviera ausente para realizar esta misión, y fuera incapaz de llevarla a cabo, ¿cómo sufriría su familia? Si usted lucha por idear una respuesta es probable que su hijo se esté perdiendo tareas trascendentales.

Caleb no estaba solo en desear una tarea trascendental. Así como tenemos una profunda necesidad de experimentar un ritual de transición, también necesitamos sentirnos importantes, tener una misión que demuestre nuestro valor al grupo en que vivimos. Es más, si no completamos estas tareas trascendentales, otros sufrirán.

> ↝ Tarea trascendental: Asignación especial que demuestra el valor de un individuo para las personas que considera importantes.

Por su naturaleza, una sociedad agrícola asigna a cada hijo tareas trascendentales que lo hacen sentir importante y apreciado. Es más, los hijos en las sociedades agrícolas típicamente ganan dinero para la familia por medio de su contribución al trabajo colectivo. Con frecuencia vemos hoy día estadísticas sobre lo abrumadoramente costoso que es criar simplemente un hijo. Los padres de más de dos o tres reconocen los ojos en blanco y el tono de superioridad: «¿*Cuántos* hijos tiene usted?»

Sin embargo, el hijo promedio antes del cambio cultural producía a su familia el equivalente de cinco mil dólares en ingresos anuales. En ese entonces los hijos eran una necesidad, no un lujo, porque rápidamente adquirían habilidades prácticas y asumían responsabilidades importantísimas. Los hijos son activos económicos en una sociedad agrícola, y el hombre que tiene muchos es rico.

Volvamos a nuestro buen amigo John-Boy. Hoy día ha vuelto a su correcto modo de pensar, ya no usa jerga adolescente, no usa atuendos ostentosos ni jeans que se arrastran por el suelo. Como mencioné, John y Olivia Walton tenían algunas ideas extrañas respecto de lo que los hijos debían hacer con su tiempo. A John-Boy y a cada uno de sus hermanos y hermanas les dieron labores, o tareas trascendentales. Una de las responsabilidades de John-Boy era cortar leña; ¿qué habría ocurrido si no hubiera hecho esto?

Si John-Boy no hubiera cortado la leña se habría apagado el fuego. La abuela y Olivia no habrían podido cocinar los alimentos para la familia en el enorme y anticuado fogón de leña, y los Walton no habrían tenido leña para calentar la casa.

Desde luego, John-Boy no era el único que realizaba actividades importantes. Una de las tareas trascendentales de Mary Ellen era ordeñar la vaca familiar. ¿Qué habría ocurrido si ella hubiera decidido no cumplir esta trascendental tarea?

En una conferencia, cuando dejé perplejo a un grupo de padres con esta pregunta, un hombre levantó emocionado la mano, listo con una respuesta. Me imaginé que venía de algún origen rural y que iba a poner al corriente a los demás en cuanto a los riesgos que surgen al no ordeñar las vacas. Ni bien le di la palabra, preguntó: «¿Explotaría la vaca?»

Después de que todos dejamos de reír, le conté la verdad. No, la vaca no habría explotado, pero habría estado muy incómoda, y finalmente habría dejado de dar leche. Prácticamente se habría cortado el suministro de leche de los Walton hasta que la vaca pariera otro ternero y su cuerpo procesara más leche para suplir las necesidades de su cría (así como de la familia Walton).

Cuando nuestra sociedad realizó el relativamente veloz cambio de agrícola a industrial, no solo dejamos de dar a cada uno de nuestros hijos un ritual de transición, sino que también dejamos de entregarles responsabilidades trascendentales. Las familias con cinco o seis chicos se mudaron a zonas residenciales en las afueras de las ciudades y se dieron cuenta de que sus hijos ya no tenían papeles importantes que cumplir.

En la década de los cincuenta los padres acogieron con agrado la idea de que sus hijos llevaran vidas más fáciles de la que ellos mismos tuvieron de niños. Y por primera vez se crió una generación que se queja de aburrimiento. «Por aquí no hay nada que hacer». Estos chicos habían perdido su propósito. Perdieron sus funciones dentro de la familia. Habían perdido sus tareas trascendentales.

El trabajo afuera

Durante mi desarrollo, un amigo citadino vino a pasar la noche en nuestra granja en Missouri. Nos levantamos temprano, como hace todo granjero, y salimos a cuidar de las reses. Nuestro amigo salió con nosotros. Revisamos los cerdos, rellenamos los comederos, desatamos fardos de heno para el ganado, y llenamos de agua los tanques vacíos, llegando a casa justo a tiempo para el desayuno.

—La verdad es que ese es un trabajo duro —anunció en la mesa nuestro amigo de la ciudad, dirigiéndose a mi padre.

Papá lo miró asombrado.

—No, hijo —le contestó mi padre sin rodeos—. Hemos hecho nuestros *deberes*. Después del desayuno… iremos a *trabajar*.

Los deberes eran actividades importantes. Aunque en esa época mis hermanos y yo no siempre las apreciábamos, estas tareas significativas nos mostraban que éramos importantes, nos enseñaban habilidades prácticas para la vida, y edificaban en nosotros una ética perdurable de trabajo.

En los años en que he preguntado a alguien «¿Qué hace usted?», he aprendido que la respuesta es la tarea trascendental de esa persona: «Soy una madre». «Soy abogado». «Soy bombero». «Soy maestro». De este modo, lo que usted *hace* define quién es.

A menudo trato de hablar con estudiantes acerca de sus tareas trascendentales. Cuando les pregunto qué hacen que los haga valiosos para sus familias, parecen confundidos. Al final casi siempre me dan las mismas respuestas: «Tiendo mi cama». «Saco la basura».

Los *Baby Boomers*, la generación posterior a la Segunda Guerra Mundial y la primera que se crió sin tareas trascendentales, han producido ahora una segunda generación que carece de este elemento esencial. De algún modo hemos perdido la idea de que los hijos pueden realizar valiosas funciones que añaden valor tanto a sus vidas

⟿

EN LOS AÑOS EN QUE HE PREGUNTADO A ALGUIEN «¿QUÉ HACE USTED?», HE APRENDIDO QUE LA RESPUESTA ES LA TAREA TRASCENDENTAL DE ESA PERSONA: «SOY UNA MADRE». «SOY ABOGADO». «SOY BOMBERO». «SOY MAESTRO». DE ESTE MODO, LO QUE USTED HACE DEFINE QUIÉN ES.

familiares como a sus propias existencias. Por supuesto, papá y mamá se impacientarían si Pequeño Johnny no tendiera su cama ni sacara la basura, pero nadie padecerá nada más que un inconveniente temporal.

En casi toda nuestra historia el trabajo de los jóvenes en sus años mozos era demasiado importante para sacrificarse. Los europeos observaban que los estadounidenses maduraban rápidamente en todo sentido, asumiendo responsabilidades y vicios mucho más pronto que sus homólogos europeos... Aunque tener a un joven en la casa proporcionaba a los padres un trabajo útil y hasta un flujo positivo de dinero en efectivo, los adolescentes contemporáneos son mucho más a menudo un desagüe económico.[1]

Innumerables películas y programas de televisión muestran rituales de transición. Sin embargo, las tareas trascendentales también han obtenido la atención de los medios de comunicación. En *El señor de los anillos: La comunidad del anillo*, el héroe, Frodo Baggins (Elijah Word), tiene una decisión que tomar respecto de su tarea trascendental. Le han confiado un anillo antiguo, y el destino de todo el mundo depende de su viaje al centro de la tierra para destruirlo. Decide aceptar su misión, empezando una ardua búsqueda para lanzar el poderoso anillo mágico a los nebulosos fuegos del monte de la muerte. La película narra la historia de Frodo y su valiente grupo (la comunidad del anillo) mientras él se esfuerza por cumplir su importante misión. Destruir el anillo evidenció el valor de Frodo... a los otros en la comunidad, y a todo su mundo.

¿Qué atrae a tantas personas a películas como esta? ¿Por qué tienen tanto atractivo? Nos atraen porque podemos vivir indirectamente a través de los personajes, e identificarnos con los desafíos que enfrentan. Todos necesitamos rituales de transición y tareas trascendentales. Películas como *Guerra de las galaxias* y *El señor de los anillos* enfocan estas necesidades otorgadas por Dios, y nos animan a satisfacerlas en nuestras propias vidas. Disfrutamos ver a otros navegando hacia las experiencias esenciales que todos anhelamos en nuestro fuero interno.

Cuando al principio se popularizó la televisión por allá en la década de los cincuenta, en la mayoría de los programas actuaban jóvenes que buscaban sus tareas trascendentales. Si Theodore «Beaver» Cleaver de *Leave it to Beaver* hubiera nacido en la época de los Walton, por ejemplo, no habría estado correteando por el vecindario, y sin duda habría estado demasiado ocupado para meterse en problemas con su solapado amigo, Eddie Haskell. Asimismo, casi todas las frecuentes y divertidas payasadas de Lucy en *I Love Lucy* representaban su búsqueda de una tarea trascendental. Desi dirigía la banda musical en el Tropicana; Desi recibía frecuentes invitaciones para viajar y actuar... ¿pero dónde estaba Lucy? Afuera pisando uvas, o tratando de vender «vitameatavegamin», o buscando de algún modo maneras novedosas de convencer a Ricky que la dejara aparecer en el escenario con él solo *una vez*.

¿Qué en realidad nos hace reír acerca de *I Love Lucy*? Sus divertidísimos intentos de satisfacer sus anhelos de tareas trascendentales. Las personas hacen todos los días cosas absurdas para hacerle saber al mundo que tienen algo único para ofrecer. Desean mostrar que tienen actividades importantes.

Tareas seudo-trascendentales

Ya que Dios ha puesto dentro de nosotros desear tareas trascendentales, ¿qué ocurre si no tenemos ninguna? Creamos lo que *Ritual de transición en la crianza de los hijos* denomina *tareas seudo-trascendentales*: actividades que aparentemente son importantes pero que no tienen valor intrínseco.

> ↝ Tareas seudo-trascendentales: Actividades que aparentemente son importantes pero que no tienen valor intrínseco.

Nuestro amigo Pequeño Johnny es otra vez un buen ejemplo. Él y sus amigos se criaron en la década de los cincuenta en una región suburbana de Estados Unidos. A diferencia de su padre, quien pasó su infancia en una granja, Pequeño Johnny no tuvo maíz que plantar, vacas que ordeñar, ni leña que cortar. Puesto que él y sus amigos eran parte de la primera generación que se crió sin tareas trascendentales, debieron inventar formas de sentirse importantes. En respuesta a esta necesidad en sus vidas, Pequeño Johnny y sus amigos crearon la década de los sesenta.

La generación de Pequeño Johnny halló su sentido de valía parándose al costado de la vía sosteniendo letreros que gritaban: «Haga el amor, no la guerra». Los jóvenes de esta generación llevaban letreros de paz alrededor de sus cuellos, y pegados a los parachoques de sus autos, y los señalaban con dos dedos a todo el que pareciera prestar atención. Desarrollaron cosas de moda o que estaban «in», y con muchas cosas «in» intentaron hacerse oír en sus familias y en la sociedad.

¿Sabía usted que la compañía Coca-Cola escribió un cántico para Pequeño Johnny? Así lo llamaron: «Me gustaría enseñarle a cantar al mundo». Esta canción acerca de extender paz y armonía describía las cosas que Pequeño Johnny y sus amigos identificaban como sus tareas trascendentales. Ellos se tomaban de las manos en los campos y entonaban la melodía como su himno especial. Esta generación escuchaba su propia música, hacía sus propias reglas, e iba contra la corriente... Creo que se llamaba Ringo Starr.

Pequeño Johnny y sus amigos de la era de los sesenta hacían exactamente lo que hacen los chicos de hoy día porque su sociedad y sus familias no les proporcionan tareas trascendentales. A fin de mantener su cordura asumen tareas seudo-trascendentales que no tienen verdadero valor.

Desafortunadamente muchas personas se han resignado a tareas seudo-trascendentales. Así como las películas se ambientan en frentes falsos de Hollywood, estas falsas tareas presentan una sólida apariencia externa. Sin embargo, cuando usted mira por detrás ve que no hay mansión real, almacén real, ni tarea de importancia real.

De vez en cuando todos presentamos un frente falso. Podríamos seguir diciéndonos que nuestras tareas seudo-trascendentales son reales y que tienen importancia; pero igual que los frentes falsos, finalmente caen. Dios ha puesto en nuestras vidas el deseo de importancia, y no podemos vivir con el conocimiento de que lo que hacemos no tiene valor ni propósito.

¿Sabe usted qué detuvo la era de los sesenta? ¡La de los setenta! Pequeño Johnny se casó. ¿Qué es el matrimonio? Una tarea trascendental. Pequeño Johnny ya no podía correr de arriba abajo por las carreteras portando letreros que decían: «Abajo la guerra». Después de todo, su esposa esperaba que él llegara a casa a cenar. Pequeño Johnny consiguió un trabajo... una tarea trascendental. Después él y su esposa comenzaron a tener hijos... usted lo supuso: una tarea *muy* importante.

De repente Pequeño Johnny no tenía tiempo para cantar sobre paz y armonía. En vez de eso, tenía que salir a trabajar con el fin de ganar dinero para comprar ese líquido rosado que reposa en la refrigeradora todos los días para combatir gargantas y oídos doloridos. Él tenía que comprar ropa y pañales. Tenía que pagar la cuenta eléctrica y ponerle gasolina al auto. Pequeño Johnny ya no necesitaba esas tareas seudo-trascendentales porque sus tareas eran muy... trascendentales.

El muchacho conductor de bus

Aún a finales de la década de los cincuenta la sociedad proveía a los jóvenes algunas tareas trascendentales. En Carolina del Sur y otros estados se podía conseguir una licencia de conducir hasta a los catorce años de edad. Un hombre cuenta haber sido responsable por toda una ruta de bus escolar... teniendo solo dieciséis años. Todas las noches estacionaba el autobús frente a su casa, y salía para la escuela muy temprano en la mañana para poder recoger a un grupo de niños de escuela primaria y llevarlos a una escuela al otro lado de la ciudad. A fin de calificar para esta tarea trascendental, este hombre y sus compañeros estudiantes conductores de buses asistieron a un curso especial de verano patrocinado por la Patrulla de Carreteras del Estado de Carolina del Sur. Después de terminar la parte teórica del curso, un policía se montaba al lado de ellos en el autobús, observando cómo conducían y corrigiendo sus equivocaciones mientras hacían girar el volante.

¿Confiaríamos a alguno de nuestros chicos McDonald's la responsabilidad de una ruta de autobús? Lo dudo. Sin embargo, a mediados de la década de los cincuenta este mismo grupo de estudiantes tuvo el honor de ganarse una calificación más alta de seguridad que cualquier otro equipo de conductores de buses en el estado.[2] Estos jóvenes habían aceptado incondicionalmente su tarea trascendental.

Lecciones de historia

Ya no consideramos a los adolescentes, o aun a los jóvenes adultos, parte responsable de la sociedad. ¿Qué ocurrió? Sí, usted lo imaginó: nuestra cultura cambió.

La mayoría de los chicos en la década de los treinta estaban entusiasmados por encontrar maneras de mejorar su suerte en la vida. Como la vida no era fácil, ellos crecían rápido y se tenían que volver independientes. Debido a que eran necesarios y a que se les consideraba activos importantes, por lo general hacían contribuciones trascendentales al bienestar de sus familias... La vida cambió drásticamente después de la Segunda Guerra Mundial. La creciente prosperidad estadounidense empezó a estimular la indulgencia personal excesiva. Para la década de los sesenta, una cantidad cada vez mayor de niños, que ya no se sentían necesarios como contribuyentes y que tenían poco ánimo para ser independientes, comenzó a perder la trayectoria en su preparación para la vida. (No habían tenido que poner mucho empeño en contribuir y cooperar en la familia. ¿Por qué empezar ahora?)³

Nuestra cultura cambió, y lo mismo ocurrió con nuestras percepciones acerca de lo que podían y debían lograr los jóvenes. Sin duda no somos los primeros padres que luchamos con la idea de permitir que nuestros hijos asuman responsabilidades de adultos. Después de todo, los estamos criando, y sabemos (o creemos saber) qué pueden y qué no pueden hacer.

¿Recuerda a Jesús en Jerusalén, quedándose para dialogar con los maestros en el templo? Al principio sus padres tampoco comprendieron sus acciones. De algún modo, ellos quizás no habían entendido lo trascendental que en realidad era la tarea de Jesús.

Caleb y el Kool-Aid de uva

Esto mismo sucedió en nuestra casa más de una vez. En cierta ocasión, solo días después de haber instalado una nueva alfombra beige Berber en nuestro comedor, Caleb de seis años de edad vio que era necesario llevar a la mesa del comedor la jarra del famoso Kool-Aid de mamá. El sabor del día era uva.

—¿Puedo ayudar? —le preguntó a su madre.

Como toda buena madre, Cathy pensó inmediatamente en la nueva alfombra beige y en el hecho de que había llenado la jarra casi hasta el borde.

Allí mismo en la cocina ella tuvo uno de esos momentos de paramnesia a los que todo padre tiene terror. Su mente imaginó al instante el líquido morado oscuro volando por los aires, salpicando a nuestro hijo, la mesa y... la alfombra nueva.

—No, gracias, cariño. Yo me encargaré de eso —contestó ella, apresurándose a agarrar la jarra—. Solo siéntate y ponte a ver televisión hasta que la cena esté lista.

Mientras yo observaba la escena no podía entender por qué nuestro hijo menor pareció de pronto muy enojado. ¿No le acababa de ayudar Cathy al llevar la jarra repleta de Kool-Aid? ¿No estaba él ahora ante su programa infantil favorito?

Un extraño destello de discernimiento me ayudó a ver lo que ocurrió de veras. Cuando Caleb preguntó «¿Puedo ayudar?» estaba buscando una tarea trascendental, exactamente como busca cualquier otro niño que hace esta pregunta. Analice, Caleb sabía que llevar ese Kool-Aid, por peligroso que pudiera ser para la alfombra beige, era una tarea más importante que ver tiras cómicas.

Lo que ocurrió en nuestro hogar esa noche refleja lo que como padres hemos hecho sin darnos cuenta con esta generación. Les hemos dicho a nuestros hijos: «Anda siéntate y ponte a ver televisión», mientras nosotros realizamos el trabajo importante de la vida familiar. Más adelante, cuando ellos son mayores y, según nosotros, más capaces, de repente les pedimos que se encarguen de asuntos que consideramos *verdaderas* tareas trascendentales. No es de extrañar que pongan los ojos en blanco y nos digan: «¡Ni hablar!» Los hemos estado entrenando por años a creer que no pueden hacer nada verdaderamente importante.

DIVERSIÓN TRASCENDENTAL

Creo saber cómo se sintió Caleb. Como mencioné, me crié en el campo, y luego me mudé a los extramuros de la ciudad. Más tarde, papá y mamá nos llevaron otra vez al campo. Esa última mudanza quizás tuvo algo que ver con esas cuarenta llantas acuchilladas... ellos en realidad nunca lo dijeron.

Durante nuestros años en la ciudad me gustaba especialmente ir de visita a la granja de mis abuelos. ¿Por qué? ¡Ellos me dejaban hacer tareas trascendentales! En la granja del abuelo y la abuela, yo ayudaba a manejar el tractor, «aventar» pacas (una manera de llevar pacas de heno del campo a un vagón o un granero), sembrar maíz, y arriar el ganado para llevarlo a la subasta. El abuelo hasta me dejaba ofrecer por él en las subastas sosteniendo en alto su «bastón especial para subastar» cuando daba la señal. Después de su muerte heredé este bastón. Hoy día lo tengo apoyado al lado de la puerta de entrada. Yo no sabía que mis abuelos me estaban ayudando a encontrar un lugar de valía en mi familia al dejarme realizar tareas importantes. ¡Yo solo creía que me estaba divirtiendo!

Hoy día los padres parecen creer que nuestra responsabilidad principal es entretener a nuestros hijos. En vez de proveerles trabajos significativos, tratamos de hacerlos felices comprándoles los más novedosos sistemas de Nintendo, CD, DVD, MP3 y televisores para sus cuartos... luego nos preguntamos por qué ellos no quieren salir. Jane Adams, psicóloga social y autora de *When Our Grown Kids Disappoint Us* [Cuando nuestros hijos adultos nos desilusionan], observa lo siguiente:

> Esto debió haber sido más fácil para nuestros padres, quienes no se preocupaban de la manera que nos preocupamos ahora de hacer felices a sus hijos... Lo que diferencia a los padres *baby-boom* de los de generaciones anteriores es la importancia que damos a las cualidades psicológicas interiores de nuestros hijos, así como a su éxito educativo y ocupacional, a sus valores morales y éticos, y a la satisfacción en sus relaciones.[4]

La vida más allá de nosotros mismos

Cuando cumplí mi décimo aniversario como pastor de jóvenes, mis estudiantes hicieron una reunión para todos los muchachos que se habían desarrollado bajo mi cuidado. Me gusta ser un comunicador muy decente, así que cuando tuve reunidos a todos estos estudiantes les pregunté qué estudio bíblico que yo les dicté les había cambiado más la vida.

—¿Fue aquel acerca de Jesús + Nada = Todo? ¿Fue aquel sobre llevar el estilo de vida de un misionero? ¿Fue aquel...? —los presioné, tratando de encontrar respuestas que me ayudaran a aprender más respecto del impacto de mi trabajo y de lo que debía cambiar.

Se hizo un silencio sepulcral en el salón. Los jóvenes miraban, como decíamos cuando me criaba en la granja: «Como una vaca ante una puerta nueva».

—No puedo decir que recuerde mucho acerca de los estudios bíblicos, Walker —se atrevió finalmente a hablar un valiente joven—. Lo que más significó para mí fue cuando usted nos llevó a la frontera. ¿Recuerdan esa época en que fuimos a México y dormimos en pisos de tierra?

—Sí —comenzaron otros a repicar—. ¿Recuerdan cuando trabajamos con la gente que vivía en el basurero?

—¿Recuerdan cuando aprendimos ese drama y lo compartimos en la plaza de Nuevo Laredo? ¡Muchas personas llegaron a conocer al Señor!

Comprendí que después de todo no fue mi brillante enseñanza lo que había tocado y cambiado las vidas de esos muchachos sino (usted ya lo supuso) la manera en que el Señor me había llevado a proveerles oportunidades de realizar tareas trascendentales.

Estos estudiantes habían avanzado un largo camino de las actitudes y acciones egoístas de chicos McDonald's. Por medio de su servicio intercultural habían logrado tareas trascendentales que les enseñaron a pensar más allá de sus propias necesidades, añadiendo significado y propósito a sus vidas.

Hace años, antes del cambio agrícola a industrial, esta actitud era mucho más común. Típicamente los muchachos de generaciones anteriores no tenían cuartos propios (y sin duda no de la clase que viene equipada con televisor personal, computadora y reproductor de discos compactos). No tenían roperos que requerían modernizarse en cada estación para ajustarse a las últimas modas.

Nuestros viejos amigos los Walton también vivieron de este modo. Su vida familiar cotidiana hizo que John-Boy creciera pensando en «nosotros» en vez de en «mí». Él podía sacrificar su propio tiempo y sus deseos cuando era necesario porque sabía que su familia lo necesitaba. A cambio, su familia le extendía con gusto la misma preocupación amorosa. Si usted crece creyendo que es el centro del universo, nunca mira más allá de sí mismo para descubrir sus tareas trascendentales.

La gran generación

El famoso presentador de noticias Tom Brokaw escribió un libro completo acerca del grupo de personas que calificó de la *gran generación*. Estas son personas nacidas en las décadas de los veinte y los treinta, que llegaron a la mayoría de edad durante la Segunda Guerra Mundial. Brokaw las considera la gran generación no solo debido a su servicio durante la guerra sino a las maneras en que cambiaron al mundo para siempre.

Cuando acabó la guerra, los hombres y las mujeres que habían participado, en uniforme y en calidades civiles, comenzaron de inmediato la tarea de reconstruir sus vidas y el mundo que deseaban. Fueron maduros más allá de sus edades, ajustados por lo que habían vivido, disciplinados por su entrenamiento militar y sus sacrificios. Se casaron en cantidades inimaginables y dieron nacimiento a otra generación particular: los *Baby Boomers*. Permanecieron fieles a sus valores de responsabilidad personal, deber, honor y fe.

La gran generación se volvió parte de la mayor inversión en educación superior que cualquier sociedad haya hecho, un generoso tributo de una nación agradecida… Ellos salieron con títulos de los recintos universitarios y con una determinación de compensar el tiempo perdido. Fueron entonces una nueva clase de ejército, moviéndose entre los horizontes de la industria, la ciencia, el arte, la política pública, y todos los campos de la vida estadounidense, lo cual les brindaba las mismas pasiones y la misma disciplina que les habían servido tan bien durante la guerra.

Estos seres ayudaron a convertir una economía de guerra en la época pacífica más poderosa de la historia. Lograron grandes avances en medicina y otras ciencias. Ofrecieron al mundo nuevo arte y nueva literatura. Llegaron a entender la necesidad de una legislación federal por los derechos civiles. Entregaron a Estados Unidos la asistencia benéfica llamada Medicare.

Ayudaron a reconstruir las economías y las instituciones políticas de sus antiguos enemigos… En toda etapa de sus vidas fueron parte de históricos retos y de logros de una magnitud que el mundo nunca antes había presenciado.[5]

Los hombres y las mujeres que conformaron la gran generación no se consideraban el centro del universo. Su ritual de transición (lo llamamos Segunda Guerra Mundial) les había enseñado el significado de sacrificarse por una gran causa. Muchos entre ellos ya habían entregado su sacrificio final. ¿Por qué la gran generación fue tan extraordinaria? Ellos conocieron y abrazaron sus tareas trascendentales.

Diseños originales

Cuando ayudamos a nuestros hijos a asumir tareas trascendentales, ellos tienen la libertad de encontrar verdadero contentamiento en quiénes son y en qué son, en por qué fueron creados, y en para hacer qué fueron creados. Ahora, no todo hijo crece para ser un líder mundial, pero todo hijo puede ser un *transformador* del mundo al encontrar su lugar señalado en el reino de Dios.

Usted está preparando a sus hijos para aceptar los propósitos superiores de Dios para sus vidas cuando les proporciona tareas que aumentan gradualmente en relevancia, y cuando les habla de la importancia y el valor que tienen para la familia, aunque sean demasiado jóvenes para entender completamente.

Usted podría decir: «Sí, este es ahora tu propósito: sostener atornilladores y llevar jarras de Kool-Aid, ¡pero no estarás sosteniendo atornilladores ni llevando jarras toda tu vida! Vamos a ver todo lo que Dios tiene para ti hoy, mañana, pasado mañana, y el día siguiente».

Esta confianza positiva ayuda a los chicos a pensar más allá de sí mismos y hacia los planes del Señor… a los cuales él llama «planes de bienestar y no de calamidad, a fin de darles un futuro y una esperanza» (Jeremías 29.11, NVI). Cuando usted prepara a sus hijos para pensar y vivir de este modo, está instaurando nuevamente algo que nuestra cultura ha desechado.

Abrazar las tareas trascendentales que Dios pone en nuestras vidas nos ayuda a averiguar cómo calza en su rompecabezas la forma particular en que nos creó. Después de todo, sabemos que él no comete equivocaciones. Él nos conocía antes de que naciéramos, y cada uno de nosotros es una creación «formidable» y «maravillosa» (Salmo 139.14). Encontrar las tareas trascendentales que él nos entregó nos ayuda a llevar vidas pacíficas, alegres y abundantes… aquellas que él creó para que viviéramos.

Cierto año viajé a Jerusalén a recibir un curso en el Centro de Estudios Bíblicos. Durante mi estadía saqué tiempo para visitar un *kibutz*, una de las famosas granjas comunales de Israel. Vi cómo la gente trabajaba unida en cooperación para hacer funcionar la finca. Vi a las mujeres que cocinaban juntas los alimentos comunales. Finalmente me llevaron a su escuela.

Casi suelto la carcajada. Todos los niños tenían sus camisas al revés. Todas estaban abotonadas en la espalda y no por delante. Al comentarlo, los maestros me dijeron que estas camisas eran diseños originales. Las hicieron así a propósito. Cada niño necesitaba que otro le ayudara, y cada niño debía ayudar a otro.

Pensé: *Así es como Dios nos creó. Usted necesita mis tareas trascendentales, y yo necesito las suyas. Dios nos creó intencionalmente de este modo. Somos diseños originales.*

⚜ RESUMEN DE *RITUAL DE TRANSICIÓN EN LA CRIANZA DE LOS HIJOS* ⚜

El cambio de agrícola a industrial ha eliminado de las vidas de los chicos la experiencia esencial de las tareas trascendentales: asignaciones especiales que demuestran la valía de un individuo para las personas que considera importantes. Antes del cambio cultural se consideraba a los jóvenes parte capaz y responsable de una sociedad. Tenían responsabilidades importantes y hacían valiosas contribuciones a sus familias y a la sociedad.

Los jóvenes que no tienen tareas trascendentales, como los chicos McDonald's de hoy, buscan tareas seudo-trascendentales que parecen importantes pero que no tienen valor perdurable. Asumir tareas trascendentales otorga tanto a los padres como a los hijos la libertad de hallar contentamiento en quiénes son y en hacer aquello para lo que fueron creados.

༄

CAPÍTULO CINCO

El resultado de: «No puedes hacer eso... ¡solo eres un niño!»

La pérdida de tareas trascendentales ha dejado a los chicos carencia de conocimiento y de habilidades para una vida responsable, y nuestra cultura impide realizar tareas trascendentales aun a los muchachos que tienen esas habilidades.

U no de mis estudiantes tuvo con una línea aérea una experiencia que demuestra claramente los problemas que posee nuestra cultura a causa de no dar tareas trascendentales a adultos emergentes.

Andrew Pieper de catorce años de edad se había comprometido a renunciar a sus vacaciones de Semana Santa para servir a otros cruzando la frontera con México. El equipo intercultural al que lo asignamos planificó ministrar a huérfanos que vivían en orfanatos. A fin de reunir fondos para este viaje, Andrew actuó como adulto. Imprimió y envió por correo volantes en que ofrecía sus servicios como mago aficionado, cortó y arregló céspedes de casas vecinas, y hasta habló ante un grupo grande acerca de su viaje y de las tareas trascendentales que asumiría durante su semana de servicio.

El viaje de Andrew también fue una tarea trascendental así como una experiencia de ritual de transición. Lavó y dobló por sí mismo su ropa, la empacó, y se aseguró que tenía todo lo que necesitaba. La noche antes del viaje habló con sus padres sobre los problemas que podría enfrentar, incluyendo conexiones perdidas o vuelos cancelados. Él sabía qué hacer en cada situación. Estaba totalmente listo para viajar…

Al menos eso pensaron Andrew y sus padres. A causa del extendido período de adolescencia que nuestra sociedad ha creado, no suponemos que los jóvenes posean las habilidades básicas para vivir hasta que tengan mucho más de catorce años. Andrew había usado el dinero que reunió para pagar un boleto de adulto a fin de viajar en una aerolínea importante. Sin embargo, en la ventanilla de boletos descubrió que, al menos hasta donde le incumbía a la línea aérea, él solo era un niño.

Aunque en solo unas horas Andrew atravesaría la frontera y entraría a otra cultura, asumiendo responsabilidades de adulto y dejando atrás su adolescencia, la línea aérea le hizo pagar de setenta y cinco dólares de ida, y otros tantos al regreso, como sobreprecio por «menor no acompañado». Mientras abordaba el avión, la aerolínea exigió que su papá llevara a Andrew pasando la seguridad y entregándolo en la puerta de entrada. Cuando tuvo que cambiar de avión en otra ciudad, una asistente de la aerolínea lo llevó desde el avión hasta una sección de espera y luego hasta el próximo avión.

Definitivamente nuestra cultura envía mensajes mezclados acerca de tareas trascendentales, igual como hace respecto del inicio de la edad adulta. Si un estudiante como Andrew intenta asumir una tarea importante, la sociedad se le opone. A los catorce años de edad el muchacho era suficientemente grande para cuidar a sus hermanos menores, pero según la aerolínea él aún necesitaba alguien que lo cuidara.

Cuando se preparó para el viaje y sirvió en México, Andrew actuó como un joven McDavid's, asumiendo responsabilidades y tareas trascendentales de adulto. Sin embargo, una vez que regresó de México y llegó al aeropuerto, la línea aérea le volvió a decir que solo era un chico McDonald's, carente del conocimiento y las habilidades para entender los tiempos de salida anunciados o para encontrar su camino entre una puerta y otra.

¿Asombra que nuestros chicos tengan dificultad en crecer? Los pocos que se atreven a dar la cara y asumir responsabilidades de adulto enfrentan el impedimento de una sociedad que quiere hacerlos volver. Experimentar un ritual de transición, lo cual Andrew vivió en México, marca a las claras la línea entre la infancia y la edad adulta. Nuestra cultura hace lo posible por desdibujar esa honra. Casi tan pronto como Andrew comenzó a asumir responsabilidades y tareas trascendentales de adulto, la sociedad le dijo por medio de la aerolínea: «¡No puedes hacer eso... solo eres un niño!»

LA TAREA TRASCENDENTAL DE JESÚS

Como hemos visto, Jesús no experimentó algo parecido a la aventura de Andrew. Su familia y su cultura sabían exactamente cuándo él se convertía en adulto. Como resultado no experimentó la confusión de la adolescencia. Jesús demostró en el templo de Jerusalén que había experimentado un ritual de transición, pero también hizo algo más. Estaba allí para cumplir una tarea trascendental.

La estadía de Jesús en el templo en esa ocasión dejó un impacto perdurable en muchas vidas. Si no hubiera estado allí, no habría estado cumpliendo la voluntad de Dios. En otras palabras, si Jesús no hubiera ido al templo ese día, habría pecado.

¿Por qué exactamente habría sido pecado para Jesús no cumplir esa cita en el templo? Por supuesto, José, María y Jesús fueron a Jerusalén «conforme a la costumbre de la fiesta» (Lucas 2.42). Hasta ese año, como niño, Jesús no debía asistir. Ahora era un hombre, y estaba bajo la obligación religiosa y cultural de ir; ¿pero habría sido pecado no cumplir con esa obligación? Probablemente no.

Cuando lo encontraron en el templo, Jesús les contó a sus padres su verdadera razón de estar allí: estaba cumpliendo los asuntos de su Padre (Lucas 2.49). La Biblia pone énfasis especial en este acontecimiento en el templo: es la primera vez que Jesús testifica que hace exactamente lo que el Padre le ordena (Juan 14.31). Jesús siempre hizo lo que agradaba a su Padre (Juan 8.29). Esto nos muestra que si *no* hubiera estado en el templo, habría pecado.

Si Jesús hubiera pecado no habría sido el perfecto Salvador que Dios requería para la redención de la humanidad. El tiempo que pasó en el templo dialogando con los doctores fue una importante preparación para lo que sería su tarea más trascendental: dar su vida como sacrificio expiatorio, y resucitar de los muertos para que pudiéramos tener vida eterna. Este muchacho de doce años de edad tenía una responsabilidad increíble. Si hubiera pecado al no obedecer a su Padre e ir al templo, el destino del mundo habría cambiado por completo. ¡Las tareas no consiguen mucha más importancia que esa!

La Biblia está llena de historias de personas que cumplieron tareas trascendentales asignadas por Dios. Si Noé no hubiera realizado su misión trascendental, todo el mundo se habría hundido. Las personas trataron de decirle a David que era *solo un niño*, demasiado pequeño para llevar a cabo su primera tarea trascendental, pero él recogió cinco piedras lisas, y Goliat cayó. Jonás zarpó alejándose de su tarea trascendental, y cayó en el vientre de un pez gigante, pero al realizarla se salvó toda una nación.

Aunque de inmediato una tarea trascendental quizás no parezca importante, al final se mostrará su valor. Sin embargo, también debemos mirar el otro lado de esta verdad. Si usted no lleva a cabo su tarea trascendental, tarde o temprano sufrirán otras personas. Por eso sabemos que la misión de Jesús en el templo fue muy importante.

Selva trascendental

En los últimos años he llegado a conocer y amar a un grupo de personas que entienden el concepto de tarea trascendental: la tribu del Chocó panameño. Uno de los aspectos únicos acerca de ellos es que todos, desde el menor hasta el mayor, tienen una tarea trascendental. Los chocoanos cargan todos los días a su abuela más anciana, una mujer que ni siquiera puede caminar, hasta el centro de la aldea para permitirle que lleve a cabo su tarea trascendental: mantener prendido el fuego comunal. Ella sostiene una enorme hoja que ondea para avivar las llamas y mantener calientes las brasas. De vez en cuando escarba en el fuego con un palo, revolviéndolo para mantener ardiendo los carbones. Todos en la tribu del Chocó dependen de esta abuela para mantener listo el fuego, aunque ella es la persona más débil y vieja entre ellos.

Ese es un fuerte contraste con nuestra cultura, en la que las personas más débiles y viejas van a parar a menudo en hogares de reposo, donde tienen muy pocas tareas trascendentales. ¿Y sobre qué hablan quienes residen en un hogar de reposo? De los buenos tiempos idos… en que todos tenían tareas trascendentales.

No solo que cada miembro de la tribu del Chocó tiene tareas trascendentales, sino que también proporcionan tareas trascendentales a sus visitantes. Cada tarea calza dentro de un panorama más grande del trabajo tribal.

Cuando permanecemos con este grupo, a algunos de nuestros estudiantes les encargan entrar a la selva y recoger hojas. Bueno, esas hojas no son como las hojitas de los geranios de su mamá. En realidad, son suficientemente grandes para tragarse a su madre completa.

Recoger hojas y cargarlas por la selva hasta la aldea (donde la tribu las usa en la construcción de techos para sus casas) es desafiante, por decir lo menos. Conozco este trabajo porque fue mi primera tarea trascendental con los chocoanos. Otras labores que nos han asignado incluyen pescar y remover cortezas de árboles golpeándolos con un palo.

No me pregunte cómo, pero en un viaje reciente allí irrespeté el cambio nocturno. Después de un día largo y pesado en la selva tiendo a estar muy cansado, por tanto lo menos que me emocionó fue tener que salir después de oscurecer... incluso para una tarea trascendental. En primer lugar, aparecí en mi camiseta blanca. El pueblo chocoano me envió de vuelta a mi sección de dormitorio por una camiseta negra. No lo podía creer. Aquí estaba yo, en lo profundo de las selvas de Panamá, reprendido por no cumplir con el código de vestimenta.

Cada uno de mis compañeros del Chocó tenía una lanza, pero a mí me dieron un martillo de bola. Me explicaron que el trabajo (tarea trascendental) de ellos era agarrar al cocodrilo. La mía era utilizar el martillo para asegurarme de que el reptil alcanzara su destino eterno tan pronto como fuera posible.

Los cazadores del Chocó atan cuerdas a las púas de sus lanzas. Cuando la lanza se conecta con la carne de su víctima, la cuerda jala el mango y la púa sigue hacia delante. Es un gran sistema, y yo estaba ansioso por verlo funcionar ya que debí ir a la cacería del cocodrilo vestido de negro mientras flotábamos por un río de la selva con mis amigos chocoanos en medio de la noche.

Los indígenas han convertido esta aventura en una ciencia. Primero bajan flotando por el río en una canoa de un tronco tallado. Un cazador permanece inmóvil en la proa de la embarcación, con la lanza lista. Los demás permanecen inmóviles en la popa, también con una lanza. ¿Yo? Esa noche yo también me hallaba en posición, martillo y camiseta negra en su puesto, exactamente en medio de la larga canoa de tronco. Comencé a preguntarme si los cazadores chocoanos de cocodrilos habían oído la frase «eliminar al intermediario».

Mis compañeros tribales me explicaron que los cocodrilos no se ponen fuera del alcance porque confunden con leños a las canoas que flotan río abajo. Efectivamente, el hombre en el frente divisó casi de inmediato a un cocodrilo. Este no se movió de su camino, así que el hombre lo apuñaló con su lanza.

De repente todo se conmocionó. El cocodrilo empezó a defenderse girando en el agua. El tipo en la proa de la embarcación, sosteniendo aún la cuerda atada a la púa de la lanza, sabía muy bien que el cocodrilo lo podía jalar fácilmente de la canoa y tirarlo al río. Sostenía con fuerza la cuerda mientras el animal seguía con sus volteretas mortales, apretándose más y más la cuerda a su alrededor. Juntos, él y el otro cazador del Chocó levantaron al furioso reptil y lo pusieron exactamente donde yo no lo quería… en el fondo de la canoa.

Entonces, como el intermediario, mi trabajo era utilizar el martillo de bola para golpear al cocodrilo en la parte suave exactamente en medio de la frente, y yo estaba listo para mi tarea trascendental. No obstante, nunca lo había experimentado. Las costumbres del Chocó establecen que los cocodrilos deben tener al menos dos metros y medio de largo antes de que la tribu los mate para alimentarse, y esa noche ninguno de los cocodrilos cumplió ese requisito. Los cazadores supieron, sin siquiera medir, que los reptiles eran demasiado pequeños, así que tomaron la decisión de lanzarlos por sobre el costado de la canoa.

Toda esa experiencia es mi razón de sentirme justificado de contar que soy un cazador de cocodrilos. El único problema es que nunca he matado uno. He conocido varios, sin embargo… muy de cerca y en persona.

A los chocoanos no les preocupa la felicidad o la realización personal. También son indiferentes con cuán viejos o jóvenes son los avivadores del fuego, los recogedores de hojas, descortezadores, o hasta los cazadores de cocodrilos. Saben que tienen las habilidades para sobrevivir como individuos y como cultura.

Así como la gente en nuestra cultura hizo antes del cambio, las personas del Chocó saben quiénes son por lo que hacen. «Yo soy avivador del fuego». «Soy recogedor de hojas». «Soy descortezador». Y hasta «soy cazador de cocodrilos». Ellos saben quiénes son y qué pueden hacer porque cada uno tiene una tarea trascendental.

EL RESULTADO

Nuestra cultura y la del Chocó son diferentes... y no solo porque generalmente no flotamos río abajo para cazar cocodrilos. Cuando nuestra cultura cambió y perdimos el concepto de tareas trascendentales, también perdimos el concepto de desarrollar poco a poco en las vidas de nuestros hijos las habilidades para vivir de modo responsable. Esto ha dejado a nuestros chicos carentes de la habilidad para asumir tareas trascendentales en un momento apropiado. Es difícil ser independiente si nadie nos ha entrenado del modo en que John padre y el abuelo Walton entrenaron a John-Boy.

En los más pequeños y estables ambientes rurales se ofrecían a los hijos oportunidades de aprender habilidades de vida a través de entrenamiento «en el trabajo», porque ellos eran necesarios para ayudar a que la familia funcionara y sobreviviera. Por otra parte, en el nuevo ambiente urbano y suburbano, los niños no tenían verdaderas oportunidades de aprender las habilidades que necesitaban para convertirse en adultos capaces. No eran necesarios para el funcionamiento cotidiano de las familias. Frecuentemente pasaban una gran cantidad de su tiempo viendo televisión, la cual incluía una variedad de programas e ideas que eran contraproducentes para el desarrollo de habilidades y capacidades para una vida triunfante.

Hoy día, cantidades crecientes de niños tienen menos y menos oportunidades de experimentar un papel importante en la vida familiar y en instituciones sociales. Sin un papel importante es difícil desarrollar un sentido de significado, propósito y relevancia a través de ser necesario, escuchado y tomado en serio.[1]

Nosotros tenemos exactamente la situación contraria que tienen en el Chocó: *no* sabemos quiénes somos, porque no sabemos qué podemos hacer. Esto podría explicar la gran cantidad de estudiantes que hacen de lado las responsabilidades de adulto pasando años extra en la universidad y en maestrías. Sin embargo, ni siquiera esa educación extendida es una garantía de preparación para la vida como adultos capaces y responsables.

Esto expresó Tracy, madre de Jed [de veintitantos años]: «Él tiene un pie en el mundo adulto y otro en el cajón de arena».... Cristine, una agente de seguros de cincuenta y tres años, manifestó: «Mi hijo, Evan, es más grande que la vida y seguro de sí mismo en que puede hacer cualquier cosa. Es más, dirige campañas políticas y puede levantar el teléfono y llamar a ejecutivos de empresas y políticos locales. Sin embargo, no se siente capaz de abrir una cuenta corriente sin mi ayuda».[2]

Criarse en una sociedad agrícola le ayuda a usted a adquirir responsabilidades de adulto desde el momento en que nace. Usted trabaja en el campo. Bate mantequilla. Lava ropa. Prepara comidas. No tiene tiempo o energía para pensar en lo que no puede hacer, o en lo que otra persona debería hacer por usted.

Durante mi etapa de crecimiento yo sabía que mi familia me valoraba porque contribuía al éxito familiar por medio de mis tareas y otros trabajos. Yo sabía que era necesario.

LA NECESIDAD DE SER NECESARIO

El educador Stephen Glenn nos recuerda que todo individuo tiene una muy definida «necesidad de ser necesario» que a menudo es más fuerte que la necesidad de sobrevivir.[3] Cuando Caleb pidió ayudar a arreglar el auto y trató de llevar la jarra de Kool-Aid estaba mostrando su necesidad de ser necesario. Quería tener en su familia un lugar de valor y valía. Esta necesidad no se suple si no damos a nuestros hijos tareas trascendentales.

Sin embargo, como observa Glenn, los niños no son los únicos que necesitan ser necesarios. Según él, investigaciones demuestran que los adultos que se ven a sí mismos realizando un papel importante en la sociedad producen más, experimentan mejor salud, y se recuperan más rápidamente de la enfermedad que quienes creen que su trabajo es insignificante o sin importancia. Es decir, si usted se considera un sobrante, es fácil que crea que no vale la pena vivir.[4]

Las tareas trascendentales definen nuestro valor y valía para la sociedad. Pequeño Johnny y sus amigos de la década de los sesenta llenaron sus vidas con tareas seudo-trascendentales porque Dios los creó con una necesidad profundamente enraizada de ser necesarios. La niña pequeña que quiere ayudar a su mamita a cocinar, y el niño pequeño que quiere ayudar a su papito a cortar el césped comparten la misma necesidad.

Cuando mi hijo Jeremiah tenía más o menos diez años de edad entendió la necesidad de ser necesario mejor que muchos de los muchachos modernos. Un día de enero vino de la escuela a casa sin su abrigo. Noté el problema e inmediatamente cambié al modo «padre frustrado»: «¿Dónde está tu abrigo? ¿Lo dejaste en la escuela? Hace *frío* afuera».

Una vez que Jeremiah logró pronunciar una palabra al tratar de interrumpirme, explicó: «Papá, hay un muchacho en la escuela que no tiene abrigo... ni siquiera chaqueta. Yo sabía que en casa tenía algunos otros abrigos, por tanto pensé que estaría bien que le regalara ese».

No tuve nada más que decir. ¿Cómo podría? Una vez más Jeremiah tenía exactamente la respuesta correcta. Había decidido, sin ningún aporte de Cathy o mío, preocuparse de su amigo regalándole no solo cualquier abrigo sino el *mejor* que tenía. Los inviernos en Oklahoma son gélidos, y Jeremiah reconoció la necesidad. Logró suplir esa necesidad, y en el proceso se sintió bien respecto de sí mismo. Había encontrado una tarea trascendental.

Importancia técnica

Cuando los chicos no tienen tareas trascendentales se las inventan. Sin embargo, las tareas seudo-trascendentales de hoy día parecen muy distintas de las que inventaron Pequeño Johnny y sus amigos de la década de los sesenta. Los chicos de hoy realizan múltiples tareas seudo-trascendentales, como relata un artículo en *Time*, todo al mismo tiempo: «No hay duda de que el fenómeno [de multitareas] ha alcanzado cierta clase de distorsión de velocidad en la era de las computadoras activadas con la Red, cuando se ha vuelto rutinario realizar seis conversaciones instantáneas por mensajería, ver *American Idol* por televisión, y buscar en Google los finalistas de la última temporada, todo a la vez».[5]

Los muchachos pasan horas en el teléfono celular y la computadora, enviando mensajes de texto, alimentados por la necesidad de sentirse necesarios, para que alguien sepa (y le importe) que ellos existen. Pasan horas hablando con extraños en línea. Los chicos ponen *weblogs* en Xanga o

MySpace, enviando sus pensamientos para que otros puedan leer y responder. Muchas veces al día buscan afirmación, valor y significado a través de la tecnología por medio de estas tareas electrónicas seudo-trascendentales. Igual que Pequeño Johnny y sus amigos, los chicos modernos están apuntalando su autoestima con frentes falsos, pero en busca de algo con verdadero significado.

Subcontratación

Los problemas ocasionados por la pérdida de tareas trascendentales también se muestran en las vidas de los padres. Al pasar de una sociedad agrícola a una industrial comenzaron a minarse muchas habilidades básicas de supervivencia. Ya no sembramos ni cultivamos alimentos para nuestras familias. En vez de eso manejamos hasta el supercentro local de alimentos, dependiendo en que Facundo ponga los vegetales en nuestra mesa, y que Ragú haga nuestra salsa para espaguetis. Confiamos en que La Vaquita provea nuestra leche. Si queremos un refrigerio, dependemos incluso de que nuestro amigo Orville Redenbacher ponga mantequilla, sal y palomitas de maíz en una bolsa especial.

Como nuestra cultura se ha mudado a los suburbios, ya no tenemos espacio para sembrar maíz o un sitio para apacentar una vaca. Debemos confiar en que otros provean las cosas que necesitamos para cuidar de nosotros mismos. Al no tener las habilidades para hacer lo que solían ser tareas trascendentales, las subcontratamos.

Muchas personas llevan las cosas hoy día un poco más allá y subcontratan totalmente la preparación de sus alimentos. Los estadounidenses gastan más de mil millones de dólares al día comiendo afuera.[6] Aunque no salgamos a comer, algunos de nosotros contratamos un chef personal, una tendencia cada vez mayor en nuestra cultura, si la tarea trascendental de preparar alimentos se hace más inconveniente. Cuando nos las arreglamos para cocinar, típicamente usamos una gran cantidad de alimentos preparados. Antes del cambio cultural no existía tal cosa, por ejemplo, como «ayudante de hamburguesas». La única *ayudante de hamburguesas* eran mamá, la hermana, o quien tuviera la tarea trascendental de preparar la cena. Se ha subcontratado la preparación de alimentos.

También subcontratamos la educación de nuestros hijos. Ya no consideramos nuestra responsabilidad asegurarnos que nuestros hijos obtengan las destrezas y el conocimiento para vivir. En vez de eso subcontratamos la educación a las escuelas. Después de todo, su trabajo es hacer inteligentes a nuestros hijos… y si estos no rinden bien en exámenes estandarizados ni entran a las universidades adecuadas, nos vamos directo a las instituciones y nos quejamos. Ahora que la cultura ha cambiado responsabilizamos a otros por las tareas trascendentales que solían ser nuestras. Naturalmente, al responsabilizar a las escuelas por educar a nuestros hijos los seguimos a la universidad y más allá para asegurarnos que se haga bien el trabajo.

Los padres han asumido tanto el derecho de tomar medidas de orientación educativa con sus hijos, que la Universidad de Vermont está contratando y entrenando rigurosamente estudiantes seleccionados de último año como «espanta padres». Su trabajo es mantener lejos a los adultos de las sesiones de orientación en que sus hijos que se inscriben consultan con consejeros académicos o participan en discusiones de grupo acerca de alcohol y sexo.[7]

Hemos subcontratado la educación de nuestros hijos.

También hemos subcontratado el entretenimiento de nuestra familia. Esa tarea trascendental ya no pertenece a la madre o al hermano que tocaban el piano mientras toda la familia entonaba cánticos, o al padre que narraba historias alrededor del fuego, sino a MTV, Disney, PlayStation y Nintendo. Cuando de entretenimiento se trata, todo está subcontratado.

Nuestra cultura también subcontrata su desarrollo espiritual. Contratamos al pastor de jóvenes para que cuide las vidas espirituales de nuestros hijos. Naturalmente, si no creemos que los chicos están obteniendo lo que necesitan, lo llamamos y nos quejamos, o cambiamos de iglesia. Hemos subcontratado el desarrollo espiritual de nuestras familias.

↜

HEMOS ENSEÑADO A NUESTROS HIJOS QUE CUANDO USTED TIENE UNA TAREA TRASCENDENTAL, NO LA EJECUTE PERSONALMENTE. EN VEZ DE ESO, PÁGUELE A OTRA PERSONA PARA QUE LA HAGA POR USTED.

Algún día futuro, cuando seamos viejos y débiles, no nos debería sorprender que nuestros hijos no se responsabilicen de nuestro cuidado. Después de todo, les hemos enseñado que cuando usted tiene una tarea trascendental, no la ejecute personalmente. En vez de eso, páguele a otra persona para que la haga por usted. Al no haber entrenado a nuestros hijos para vivir con responsabilidad, no nos debería sorprender en absoluto cuando *estemos* subcontratados.

Dios diseñó tareas trascendentales para enseñarnos a responsabilizarnos de nuestras vidas. Quienes las ejecutan se vuelven capaces, responsables e independientes. Nuestra cultura muestra su falta de tareas trascendentales cuando produce adultos que carecen de estas cualidades.

Cada generación tiene la labor de preparar a sus hijos para sus tareas trascendentales. Es más, ahora mismo tenemos toda una generación que no está muy preparada para la tarea trascendental de criar jóvenes capaces. Como no tenemos las habilidades para hacerlo, hasta hemos subcontratado el trabajo de los padres. *Ritual de transición en la crianza de los hijos* apunta a romper ese ciclo, restituyendo un sentido de libertad y responsabilidad a los padres que lo practiquen.

¡Después de todo, sé que usted es un buen padre! Usted quiere que sus hijos tengan cosas buenas para comer. Desea que reciban una gran educación. Anhela que se diviertan. Ansía que adopten verdades espirituales y vayan con regularidad a la iglesia. Por eso usted gasta tiempo y energía para espiar a los profesores universitarios, al maestro de quinto grado, al entrenador de las Ligas Menores, o al líder de jóvenes.

Ritual de transición en la crianza de los hijos quiere ayudarle a dar los pasos hacia atrás y ver sus propias responsabilidades en estos campos. Usted podría incluso averiguar sus propias tareas trascendentales cuando empiece a guiar a sus hijos en las de ellos.

⚜ RESUMEN DE *RITUAL DE TRANSICIÓN EN LA CRIANZA DE LOS HIJOS* ⚜

Nuestra cultura les dice a los jóvenes que no pueden asumir un ritual de transición ni ejecutar tareas trascendentales. Jesús no solo experimentó un ritual de transición en el templo de Jerusalén, también llevó a cabo una tarea trascendental. Las tareas trascendentales ayudan a establecer su identidad porque lo que usted *hace* define quién *es*. Dios nos ha creado a cada uno de nosotros con la necesidad de ser necesarios: el deseo de una tarea trascendental.

Debido al cambio de agrícola a industrial los padres han subcontratado muchos aspectos de la crianza de los hijos. Al hacer eso hemos enseñado indirectamente a los chicos que no tenemos que asumir tareas trascendentales... contratamos a otros para que las realicen por nosotros. La pérdida de tareas trascendentales ha dejado a muchos adultos jóvenes carentes de conocimiento y de destrezas para vivir. La sociedad llega incluso a decir a quienes tienen estas destrezas: «¡No puedes hacer eso... solo eres un niño!»

◗

CAPÍTULO SEIS

EXPERIENCIA ESENCIAL #2: AMPLÍE LAS HABILIDADES DE VIDA EN SUS HIJOS POR MEDIO DE TAREAS TRASCENDENTALES

*Podemos ayudar a nuestros hijos a pasar de modo sano
a la edad adulta asignándoles tareas de desarrollo
secuencial que los lleven hacia tareas trascendentales.*

Un padre que da a un hijo tareas trascendentales obtiene libertad. Dios diseñó de este modo el proceso de criar a los hijos. Él busca que usted lleve a su hijo de la infancia (totalmente dependiente) a la adultez (capaz, responsable e independiente). Cuando los hijos asumen tareas trascendentales, los padres se liberan gradualmente de la responsabilidad de cuidarlos. Saber que usted ha preparado a sus hijos por medio de un *Ritual de transición* le dará tremenda paz mental. ¡Eso es libertad!

Cuando mis hijos estaban en desarrollo empecé a reflexionar en formas específicas de llevarlos hacia la edad adulta capaz y responsable. Aunque ya no vivíamos en una sociedad agrícola, Cathy y yo todavía debíamos prepararlos para la vida, ayudándoles a crecer en conocimiento y destrezas. Pero ¿cómo?

La respuesta, desde luego, fue darles tareas trascendentales; específicamente, tareas relacionadas a las necesidades de *nuestra* familia en *nuestra* cultura. Cathy y yo vimos nuestras responsabilidades de adultos, y en lo primero que pensamos fue en algo que todo padre entiende: pagar las cuentas.

Decidimos que pagar una de nuestras cuentas mensuales sería un buen inicio para Jeremiah, entonces de nueve años de edad. Pagar la cuenta de la electricidad se convirtió en su trabajo. Por supuesto, aun por sensato como es Jeremiah, no nació sabiendo cómo pagar cuentas. Tuvimos que enseñarle. Una vez que pasamos por el proceso de entrenamiento, el cual describiré más adelante, cada mes Jeremiah esperaba esa cuenta eléctrica. A causa de esta tarea trascendental, él rápidamente aprendió que cuesta mantener una casa. Él sabía que su trabajo era importante. Después de todo, le habíamos dicho que si no pagaba la cuenta tendría que sacar dinero de su mensualidad y hacer que volvieran a instalar la electricidad.

Poco tiempo después de que Jeremiah hubiera asumido esta primera tarea trascendental, tuvimos una reunión familiar. Yo acababa de regresar de enseñar en un campamento juvenil, emocionado porque había ganado trescientos dólares extra. Eso para un pastor de jóvenes es como ganarse la lotería. La familia discutió durante nuestra reunión qué hacer con esta bendición económica caída del cielo.

Yo tenía lista mi presentación. *Sabía* que debíamos comprar una cámara de video. Con facilidad justifiqué el gasto. Después de todo, usaríamos la cámara para filmar la crianza de nuestros hijos, documentar todas sus actividades importantes, y conservar recuerdos familiares. Terminé mi pequeño discurso, me recosté en mi silla, y miré alrededor, esperando los comentarios de aprobación de mi esposa y mis hijos.

De alguna manera, no llegaron esos comentarios… pero Jeremiah habló de inmediato: «Papá, tenemos una enorme cuenta de electricidad este mes… ¿y tú quieres gastar trescientos dólares en una *cámara*? En realidad no necesitamos eso… pero *tenemos* que pagar nuestra cuenta eléctrica».

Ya a los nueve años de edad Jeremiah estaba pensando como adulto; sabía que poner los *deseos* antes que las *necesidades* no era lo correcto para nuestra familia, o para ninguna familia. Quizás a usted no le sorprenda enterarse que cuando años más tarde Jeremiah se graduó de la universidad, hizo algo que muchos estudiantes no hacen: se graduó sin endeudarse.

Fiel en lo poco; fiel en lo mucho

Cuando los chicos no tienen tareas trascendentales no aprenden las habilidades que los convierten en adultos capaces y responsables. Pero al permitirles desarrollar destrezas y conocimiento los animamos a aumentar poco a poco su nivel de responsabilidad. Jesús enseñó este principio por medio de la parábola de los talentos en Mateo 25.14-30. Un hombre se va de viaje y entrega diferentes cantidades de talentos [dinero] a tres de sus siervos. Los dos primeros siervos invierten sus partes y duplican la cantidad que recibieron originalmente. El tercer siervo está muy asustado de hacer algo, y entierra el dinero. El hombre dice a cada uno de los siervos que duplicaron su inversión: «Bien, buen siervo y fiel; sobre poco has sido fiel, sobre mucho te pondré; entra en el gozo de tu señor» (vv. 21, 23). Al confiar ese dinero a sus siervos, el hombre estaba dándoles labores diseñadas a llevarlos hacia tareas trascendentales. Puesto que hoy fueron fieles «sobre poco», su señor los pondría en el futuro «sobre mucho».

TAREAS SIMULADAS

A medida que yo analizaba formas de «solucionarlo, hermano» para esta generación, me daba cuenta de que nos hemos saltado un paso importantísimo en la capacitación de nuestros hijos. Las labores que mis padres me ponían a hacer de niño eran tareas trascendentales más pequeñas que me prepararon para otras mayores. En general los chicos de hoy día no obtienen esa clase de adiestramiento. No han probado que son fieles en lo poco, por tanto no están listos para confiarles mucho.

> ⤙ TAREAS SIMULADAS: Actividades secuenciales del desarrollo que edifican destrezas para la vida, y preparan a quien las realiza para tareas trascendentales.

He inventado una frase que describe muy bien esta preparación necesaria y gradual: *tareas simuladas*. Estas son las actividades secuenciales del desarrollo que edifican destrezas para realizar tareas trascendentales. Tengo un amigo que adiestra pilotos comerciales, y me cuenta que todos ellos deben recibir capacitación en un simulador, donde pasan horas experimentando todos los escenarios posibles de las peores situaciones.

RITO DE TRANSICIÓN
SIMULADOR Y TAREAS TRASCENDENTALES

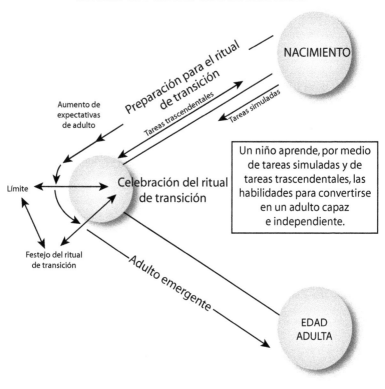

DIAGRAMA 10

Las aerolíneas exigen que sus pilotos se capaciten en el simulador porque los quieren listos para responder en una emergencia. Hasta los aeronautas que han volado por años deben regresar periódicamente al simulador para mejorar sus habilidades. Después de todo, muchas personas están confiando en la competencia y la capacidad de su piloto, quien se sienta en los controles de un proyectil de noventa toneladas que vuela a una velocidad de mil cien kilómetros por hora. Debido al adiestramiento, cuando estos pilotos están en aviones reales con pasajeros reales tienen la destreza para manejar cualquier circunstancia o situación que deban enfrentar en sus vuelos.

SACADO DE QUICIO

Sin embargo, el simulador de tareas no puede ocupar el lugar de la experiencia en la vida real. Aprendí esto cuando cometí la primera equivocación fatal de tratar de enseñar a conducir a mi hijo mayor. Debí haberlo imaginado cuando Jeremiah me dijo que estaba listo para conducir porque había completado todo un *semestre* de educación del conductor. Dio a entender que en realidad yo no tenía nada que enseñarle. Donde yo me crié, todos aprendíamos a conducir en equipos de granja. Recuerdo haber manejado cuando mis pies apenas tocaban los pedales del tractor de mi padre, el cual tenía una velocidad máxima de tres kilómetros por hora. Si algo salía mal se tenían al menos dieciséis hectáreas para corregirlo.

Me subí al auto, seguro de que tenía más que dialogar con Jeremiah respecto del arte masculino de conducir, y empecé a hablar de la tremenda responsabilidad que ahora él estaba asumiendo. Mi hijo interrumpió mi discurso para informarme que si el auto viajaba a noventa y cinco kilómetros por hora, y usted pega un frenazo, haría que sus pasajeros experimentaran tres fuerzas gravitatorias.

En todos mis años de ver *Jeopardy* nunca he visto esa categoría. «Sí, Alex. Fuerzas gravitatorias de autos por doscientos dólares». He conducido por más de treinta años y lo he hecho bien sin esa clase de información. Sin duda Jeremiah conocía ahora las fuerzas gravitatorias, ¿pero puede alguien enseñarle a entender cuántos kilómetros puede recorrer por cada galón de gasolina?

Con el motor prendido, la transmisión engranada, y el pie en el acelerador, comenzamos la lección de manejo.

—Cuidado, *cuidado*. ¡Cuidado! —me encontré alertando una y otra vez a mi hijo—. ¡Estás muy cerca de la orilla!

—Así es como aprendimos a conducir en la escuela —contestó.

Yo nunca había experimentado tanto el temor de Dios como cuando Jeremiah empezó a acelerar por la carretera. Mientras me sentaba sin poder hacer nada, abrochado a su lado al cinturón de seguridad, nunca había orado con más fuerza porque Jesús regresara… ¡de inmediato!

Después de que Jeremiah hizo que las llantas se levantaran en una curva, y continuaran por la carretera zigzagueando de lado a lado, le pregunté si esta era también la manera en que conducía en la escuela. En este momento me informó que casi todo su tiempo de manejo se había llevado a cabo en un simulador.

—Sin embargo, papá... pasé *mucho* tiempo en el simulador. Es igual a la realidad.

Cuando finalmente llegamos a casa renuncié de inmediato a mi posición de instructor de manejo. Todo había durado veintitrés minutos. Aunque al final Jeremiah aprendió a conducir, de mí no recibió más instrucción. Su madre le enseñó. Decidí que enseñar a un muchacho a manejar sería como pan comido para alguien que hubiera sobrevivido al parto.

Deseo: una base firme

Jeremiah creyó que porque había experimentado en el simulador de manejo ya había aprendido todo lo que debía saber. En vez de eso, debió pasar del simulador al manejo real completando ciertas tareas. Del mismo modo, nuestros hijos deben pasar del simulador de tareas a las verdaderas tareas trascendentales por medio de algunos pasos muy específicos. Los padres que brindan ritual de transición pueden proyectar en las vidas de los hijos tanto las tareas *simuladas* como las *trascendentales* en una sólida base parecida, no de destreza o conocimiento sino de *deseo*. Este anhelo verdadero de ayudar y contribuir a la familia prepara a los chicos a asumir tareas que aumentan en responsabilidad. Queremos cultivar en nuestros hijos el deseo de ser fieles en cosas pequeñas para que más tarde podamos confiarles otras mayores.

De niño viví en las afueras de Buckner, Missouri, una pequeña comunidad rural al oriente de Kansas City. Asistía a una diminuta iglesia campestre llamada Six Mile Baptist. Sé que usted ha visto iglesias parecidas... esas pequeñas estructuras blancas con el cementerio en la parte trasera.

Mirándolo ahora, he tratado de entender por qué he tenido recuerdos tan agradables de esa época, y las tareas simuladas juegan un papel importante. Recuerdo cuando la iglesia necesitaba edificar un ala educacional; mientras los hombres de la Six Mile Baptist se reunían para construir el edificio, los niños trabajábamos a su lado. Yo barría los pisos, empujaba carretillas llenas de cemento, y ayudaba a jalar cables eléctricos.

Un niño obtiene cierta satisfacción cuando hace el trabajo de un hombre. Recuerdo que todas las noches llevaba a rastras mi pequeño cuerpo hasta la casa, pensando que no podría dar un paso más. Desde luego, esto duraba hasta que mi hermano preguntaba si quería jugar béisbol, entonces el cansancio desaparecía al instante.

Aunque empujar carretillas y jalar cables eléctricos no eran verdaderas tareas trascendentales, eran tareas simuladas: estas labores, combinadas con el ánimo de los hombres, me preparó —tanto en cuanto a habilidades como a deseos— para asumir tareas más grandes a medida que maduraba. A través de estas tareas simuladas se me brindó una oportunidad de mostrar fidelidad en lo poco para que, a medida que aumentaban mis habilidades y conocimientos, pudiera volverme fiel en lo mucho.

Cuando a nuestros jóvenes los seducen las tareas simuladas debemos animarlos, como me animaron los hombres de Six Mile Baptist. Esto cultivará en estos adultos emergentes el deseo que necesitan para asumir tareas aun más trascendentales, y convertirse en adultos totalmente capaces y responsables. Afirmar la valía individual de nuestros hijos, y el valor de las contribuciones que hacen *hoy día*, estimula su deseo de asumir *mañana* tareas trascendentales.

Caleb estaba realizando una tarea simulada al sostener el atornillador mientras yo intentaba trabajar en el auto. Ya antes me referí a esto como una tarea trascendental, y así es como Caleb lo percibió a los cuatro años de edad. Hoy día, como adulto joven, él me ayudaría con este mismo trabajo, pero sin duda no lo percibiría como una tarea trascendental.

Los padres que brindan ritual de transición dan a sus hijos tareas simuladas que crean en ellos, desde una edad muy joven, su deseo de preguntar: «¿Puedo ayudar?» Si usted no hace esto tendrá dificultades para provocar ese mismo deseo en sus corazones a los trece años de edad cuando asigne de pronto tareas trascendentales. Aunque ellos podrían tener suficiente edad para asumir esas tareas, no tendrán el deseo de hacerlas. Más que eso, si usted no ha desarrollado las habilidades y el conocimiento de ellos por medio de tareas simuladas, ellos no sabrán cómo hacerlo.

LENTA, LENTAMENTE EL ELEFANTE CRECE

Antes de empezar su carrera de docencia, mi profesor colega de griego en la universidad pasó años trabajando con grupos tribales en África.

Cuando expresábamos frustración con algún aspecto de nuestro aprendizaje del idioma, él siempre citaba el mismo proverbio swahili: «Lenta, lentamente el elefante crece». Él usaba este dicho para decirnos que ni los elefantes, ni Roma, ni el conocimiento de griego se levantaron en un día. Nos ayudó a crear nuestro dominio del lenguaje poco a poco y paso a paso.

De igual modo, en las vidas de nuestros hijos creamos tareas simuladas encima de otras tareas simuladas, poniendo así la base para futuras tareas trascendentales. Esto es parte de la preparación para el ritual de transición ya analizada en el capítulo tres.

Una sociedad agrícola provee una manera sistemática de hacer esto. Usted no desuella vacas a los tres años de edad. En vez de eso, empieza por arriarlas y darles de comer. La cultura permite esta progresión natural desde pequeñas tareas simuladas hacia otras mayores, y finalmente hacia tareas trascendentales.

En mi trabajo viajo y hablo con muchas personas, incluyendo grupos de estudiantes universitarios. He hablado con una cantidad de consejeros residentes (estudiantes de último año que supervisan a otros más jóvenes que viven en residencias estudiantiles), que me cuentan los problemas que enfrentan porque los estudiantes carecen de las habilidades básicas para vivir. Una consejera me habló de una jovencita que llenaba la lavadora del dormitorio con tanta ropa sucia, que su agitador ni siquiera lograba girar. Nunca antes había lavado ropa.

Los padres que brindan ritual de transición resaltan que usted debe dar *lenta, lentamente*, a sus hijos tareas simuladas que produzcan destrezas y responsabilidad. Por ejemplo, recomiendo que usted enseñe a sus hijos a lavar su ropa a los ocho años de edad. Cuesta solo veinticinco centavos lavar una carga de ropa. Usted puede darle a su hijo valiosas habilidades de vida que muchos otros no tienen.

Todos hemos visto una pajarita enseñando pacientemente a volar a sus pichones. En nuestra época seguimos el patrón opuesto. En cierto momento a patadas sacamos del nido a nuestros hijos y esperamos que vuelen... *sin ningún simulador de capacitación*. No hemos sacado tiempo para establecer tareas trascendentales en sus vidas. Debido a que nuestros gigantescos pichones no han pasado tiempo haciendo tareas simuladas, no tienen habilidades para vivir. Poco asombra que muchos terminen como bumeranes o como chicos B2B.

Recuerden padres y madres: nunca es demasiado tarde. Si usted tiene chicos mayores que no han aprendido a realizar las tareas que necesitaban para cuidar de sí mismos, puede empezar hoy. De ese modo ellos no se quedarán atascados en el simulador sino que seguirán con confianza cada vez más hacia tareas trascendentales. Ellos tendrán las destrezas para manejar sus vidas como adultos capaces, responsables e independientes.

PASOS HACIA LA TRASCENDENCIA

Jesús modeló a la perfección los pasos secuenciales de las tareas simuladas cuando llevó a sus discípulos hacia tareas trascendentales. Usted recordará lo que declararon: «Señor, enséñanos a orar» (Lucas 11.1).

¿Por qué cree usted que sus discípulos le pidieron a Jesús que les enseñara a orar? Reconocieron su relación con Dios como parte importante de su vida… pudieron ver lo trascendental que orar era para *él*. Ellos a menudo llegaban a un lugar y tenían dificultades en encontrar a su Maestro. Todas las veces se encontraba orando afuera. Ellos también notaron que siempre sucedió aquello por lo que Jesús oró.

Jesús quería emular a su Padre celestial. Mientras lo hacía, los discípulos observaban a su Maestro y querían ser como él. Mientras los preparaba para orar les dijo que estaba modelando su vida como la de su Padre: «Respondió entonces Jesús, y les dijo: De cierto, de cierto os digo: No puede el Hijo hacer nada por sí mismo, sino lo que ve hacer al Padre; porque todo lo que el Padre hace, también lo hace el Hijo igualmente» (Juan 5.19).

En primer lugar, Jesús *modeló* la oración para sus discípulos, haciendo exactamente como el Padre le había enseñado, y ellos observaban con interés. Después él comenzó a *instruirlos* con el conocimiento y las habilidades que necesitaban. A continuación oró *al lado* de ellos para que pudieran comprender su enseñanza. Finalmente los envió a orar *por su cuenta* mientras él observaba. Ellos al principio no lo hicieron muy bien; es más, se quedaban dormidos. Luego parecieron agarrar la onda. Algunos escribieron las instrucciones que él les dio para la oración en el libro que llamamos Nuevo Testamento.

Todo lavado

¿Enseñar a lavar ropa a chicos de ocho años? ¿Enseñar a un niño de nueve años a pagar la cuenta de electricidad? ¿Cómo logran esto los padres que brindan ritual de transición? Creo que usted sabe la respuesta, porque es buen padre o buena madre. La habilidad para realizar estas tareas no llega de la noche a la mañana; usted la desarrolla «lenta, lentamente» en su hijo por medio del sabio uso de tareas simuladas más pequeñas. Después sigue el ejemplo de Jesús de modelar: llevar a un niño todo el camino a través de los pasos que este debe seguir.

Cuando se enseña a leer a los niños no les pasamos la enciclopedia y les pedimos que revisen el artículo sobre la recóndita Mongolia. En vez de eso comenzamos con lo básico: letras, sonidos, sílabas, palabras pequeñas, palabras grandes, y frases... lenta, lentamente. Casi sin darnos cuenta, ellos están balbuciando su primera lectura fácil, y poco después se enfrentan a capítulos de libros.

Usted sigue el mismo patrón cuando enseña tareas simuladas a sus hijos. Primero, *modele la tarea*: usted demuestra la tarea mientras ellos observan. Recuerde animar y afirmar a sus hijos a medida que atraviesa el proceso. Esto ayuda a retener el deseo «¿Puedo ayudar?»

Segundo, vaya al paso de *instrucción*. Enseñe a sus hijos lo concerniente a la tarea, el equipo o los suministros involucrados. Muéstreles lo que espera que ellos logren, demostrando el *proceso* (por ejemplo, ordenando y desempolvando el cuarto; prendiendo la lavadora) junto con el *producto* (un cuarto ordenado; ropas limpias). De este modo les provee el conocimiento y las destrezas que necesitan, y les ayuda a adquirir confianza para tareas futuras.

Tercero, siga al paso siguiente: haga que sus hijos *realicen la tarea al lado suyo* solo cuando hayan practicado lo esencial y parezcan entenderlo. Igual que los discípulos de Jesús, sus hijos aún no están listos para dejarlos solos, y tenerlo a usted allí les levanta su confianza. Usted podría asumir el papel del ayudante... y sus hijos disfrutarán diciéndole lo que debe hacer. Cuando ellos cometan una equivocación, suponga que el problema fue la instrucción que usted les dio en vez de la atención de ellos, y corríjalos amablemente. En este punto usted hasta podría hacer que le ayuden a escribir un cuadro sencillo, específico para esta tarea, a fin de ayudarles a recordar lo que deben hacer.

Cuarto, finalmente sus hijos pueden *realizar la tarea simulada por su cuenta*. Igual que los discípulos, sus hijos pueden cometer equivocaciones, pero para el momento han estado ayudándole por algún tiempo con la tarea. Están listos para el desafío, y se enorgullecerán de su habilidad en lograrlo por sí solos.

En un congreso reciente se me acercó una pareja con su hijo de ocho años. El muchacho quería agradecerme por animar a sus padres a enseñarle a asumir la responsabilidad de lavar su ropa. Estaba orgulloso de contarme que había clasificado, lavado, secado y doblado toda su ropa, algo que logran hacer pocos de los chicos McDonald's de hoy. Lavar su ropa le estaba ayudando a este joven a crecer.

LO QUE USTED NO INSPECCIONA, ELLOS NO LO SUPONEN

Quiero detenerme aquí y explicar un principio que se aplica a toda tarea simulada. Aún después de haber terminado el proceso paso a paso ya explicado, vuelva e inspeccione el trabajo de sus hijos. Ellos deben saber que a usted le importan tanto los esfuerzos que hacen, que los revisa para asegurarse que han hecho las cosas de manera adecuada. Me gusta decir: *Lo que usted no inspecciona, ellos no lo suponen.*

No permita la tentación de saltarse el elemento de la inspección. Después de todo, si usted me dice que limpie mi cuarto, y no regresa para verlo, mi espíritu dice: «En realidad no tenía importancia». Cuando usted prepara estudiantes en tareas simuladas, el tiempo de inspección es el momento en que corrige con gentileza los malentendidos o las equivocaciones que han ocurrido. La inspección que usted hace de mis tareas simuladas significa que valora mi tiempo y mi trabajo.

VERIFICACIÓN

Podemos aplicar los mismos pasos que Jesús usó, con adaptaciones menores, a casi toda tarea simulada que debemos enseñar a nuestros hijos. Es más, recomiendo aplicar esos mismos pasos a las tareas trascendentales. Volvamos a analizar la experiencia de Jeremiah de pagar la cuenta.

[Observación: Jeremiah aprendió a pagar la cuenta de electricidad usando una chequera, pero muchas personas pagan las cuentas en línea. El proceso de banca en línea es muy parecido al que usábamos, sustituyendo la computadora, el ratón y el sitio Web por la chequera, el bolígrafo y el sobre con estampilla. Un niño puede adquirir cualquiera de estas habilidades, o ambas, como una tarea simulada, lo que lo lleva a la tarea trascendental de pagar independientemente la cuenta.]

MODELACIÓN:

Antes que nada, Cathy y yo modelamos el pago de la cuenta eléctrica mientras Jeremiah observaba. Como la mayoría de los muchachos no saben qué es una *cuenta*, le ayudamos a hacer la conexión entre el medidor de electricidad y la hoja de papel que llegaba en el correo. Le mostramos la giratoria aguja del medidor, y le explicamos que la cantidad que se debía cada mes dependía de cuánta electricidad usábamos. Le dijimos a Jeremiah que como no queríamos pagar más dinero del necesario, apagaríamos las luces al salir de un cuarto. Incluso le dijimos que los dólares que ahorráramos al ser cuidadosos en nuestra cuenta eléctrica podrían ir hacia otros artículos que nuestra familia necesitara o deseara.

También le hablamos a Jeremiah de lo importante que era pagar la cuenta cada mes: si dejábamos de pagar nos cortarían el suministro, y no podríamos ver televisión ni escuchar música. Formamos este deseo en su corazón de asumir esta tarea simulada mostrándole su verdadera importancia. Para cuando habíamos modelado totalmente la tarea, Jeremiah sabía que esto era esencial, y quiso ayudar.

INSTRUCCIÓN:

A continuación le mostramos a Jeremiah los materiales que necesitábamos para pagar la cuenta de electricidad (cuenta, chequera, bolígrafo, estampilla) y le hablamos de lo que hacíamos cuando girábamos un cheque. Primero debimos explicar el concepto de una cuenta corriente. Le explicamos que el banco tiene una regla importante: es necesario tener más depósitos que retiros. Le mostramos dónde encontrar el saldo en el registro de la chequera, y cómo restar la cantidad por la que se giró el cheque.

Después instruimos a Jeremiah en la manera exacta de pagar la cuenta de cobro. Observó cómo sacábamos la cuenta de cobro del sobre, determinábamos la cantidad debida, escribíamos el cheque (llenando correctamente los espacios en blanco), lo firmábamos, y luego restábamos su cantidad en el registro. Le explicamos cada parte del proceso. Finalmente le mostramos cómo desprender la colilla de la cuenta de cobro; meterla con el cheque en el sobre; sellarlo, ponerle estampilla, y enviar la cuenta de cobro por correo. Jeremiah lo había visto todo.

EJECUCIÓN CON USTED AL LADO:
Después de un par de meses de instrucción, Jeremiah estaba listo para pagar la cuenta con Cathy y yo a su lado. Tenía confianza porque había estado observándonos cuidadosamente y escuchando lo que le decíamos. Mientras pasaba por el proceso le elogiábamos sus éxitos y le corregíamos amablemente cualquier error. Él nos había mostrado que podía realizar correctamente cada paso, menos firmar el cheque, lo cual hicimos después de que lo llenó y nos lo entregó.

EJECUCIÓN POR SU CUENTA:
Finalmente Jeremiah ya no necesitó la modelación ni la instrucción, aunque habríamos vuelto a esas etapas si hubiéramos visto dudas en alguna parte. A los nueve años de edad él estaba totalmente a cargo de la cuenta de electricidad... e hizo un gran trabajo. Se había preparado para asumir esta tarea trascendental por medio de tareas simuladas que crearon habilidades para vivir. Más tarde aplicaría estas habilidades a otras partes de su vida a través de un proceso que los psicólogos denominan *transferencia de aprendizaje*. Esto significa que Jeremiah estaba aprendiendo más que solo pagar la cuenta de electricidad. Lo preparábamos para la vida.

PUNTO FINAL

Un día después de Navidad mi mamá, Lucile (usted luego oirá más sobre ella), vino a casa con una historia. Había ido a visitar a su familia extendida, incluyendo a Gordon, un pariente por matrimonio, que se crió en Sudáfrica.

La mañana de Navidad se reunió la familia alrededor de la chimenea para leer el relato bíblico del nacimiento de Cristo. Gordon se ofreció de voluntario para encender el fuego. Lucile observaba mientras él llegaba con una carga de leña y comenzaba a apilarla de una forma única. Ella dijo que esto le recordó las fogatas en los campos de vaqueros en la vieja Oklahoma. La leña se apilaba en forma de tipi, y se ponía a quemar a propósito de manera minuciosa... y así se hizo, durante la celebración familiar.

Más adelante ese día Lucile le preguntó a Gordon dónde había aprendido a hacer una hoguera tan maravillosa. Él explicó que en su comunidad sudafricana todos los muchachos aprenden a hacer esta clase de fogatas. Las mujeres cocinan adentro, pero los hombres se encargan de la carne afuera. A los cuatro años de edad se enseña a los muchachos a recoger la leña, aprendiendo a escoger las clases y los tamaños que producirán el mejor fuego. Los niños no pasan de recoger leña hasta los seis años, cuando aprenden a apilarla al estilo tipi que Lucile había observado. Les enseñan a colocarla así para que el aire pueda alcanzar cada leño, a fin de que el fuego continúe ardiendo.

Finalmente, cuando los niños en esta comunidad llegan a los ocho años de edad reciben un obsequio especial: el fósforo que les permite encender una hoguera por primera vez. Cada muchacho de ocho años en adelante tiene todo el conocimiento y la habilidad que necesita para construir y encender una hoguera, y por tanto puede cocer la carne para la familia. Usted ya lo supuso: construir una hoguera es una tarea trascendental para los jóvenes de esta comunidad sudafricana.

⚜ RESUMEN DE *RITUAL DE TRANSICIÓN EN LA CRIANZA DE LOS HIJOS* ⚜

Preparamos a nuestros hijos con habilidades y conocimiento asignándoles *tareas simuladas* que los edifica gradualmente y los dispone para tareas trascendentales. A medida que prueban su fidelidad para ejecutar responsabilidades pequeñas, podemos ir confiándoles otras más grandes. También debemos forjarles deseos de ayudar animándolos y afirmándolos cuando terminan estas tareas simuladas.

Podemos seguir el ejemplo de Jesús con sus discípulos al hacer pasar a nuestros hijos por los pasos: modelar la tarea, instruir en cada paso de la tarea, hacer que el aprendiz la ejecute a nuestro lado, y permitirle que realice la tarea por su cuenta. De este modo nuestros hijos desarrollan las destrezas que necesitan para alcanzar una adultez capaz, responsable e independiente.

∽

CONSECUENCIAS LÓGICAS

CAPÍTULO SIETE

❦

LO QUE SE HA PASADO POR ALTO: LOS CHICOS NECESITAN CONSECUENCIAS LÓGICAS

La cultura cambiante ha eliminado de la vida de nuestros hijos las consecuencias lógicas: resultados previsibles de una acción.

U na mañana mientras Cathy estaba haciendo mandados recibí una llamada del director de la escuela de Caleb.

—Señor Moore, solo quiero hacerle saber que su hijo olvidó traer hoy su almuerzo. Necesito que usted vaya a casa, lo recoja, y lo traiga inmediatamente al colegio.

Reconocí este momento como una oportunidad de trabajar junto a la administración de la escuela. Podríamos combinar nuestras fuerzas para enseñar otra lección a Caleb de consecuencias lógicas. Empecé por hablar al director de la costumbre de nuestra familia. Debido a que Caleb ya sabía que él era responsable de llevar su almuerzo a la escuela, *no esperaría* que yo dejara mi trabajo, condujera once kilómetros hasta mi casa, recogiera su almuerzo, manejara cinco kilómetros hasta la escuela, y luego hiciera el viaje de regreso a mi oficina. Caleb entendía que si olvidaba su almuerzo tendría que arreglárselas por su cuenta.

No me preocupaba que mi creativo hijo se saltara una comida. Después de todo, ¿cuán difícil sería para un muchacho, que podía convencer a la enfermera de la escuela de que tenía diabetes, conseguir un sándwich extra o una bolsa de papas fritas?

—Sé que Caleb no pasará hambre —le dije al director, comenzando a explicarle el uso de consecuencias lógicas—. Hoy probablemente almorzará mejor que nunca. Se las ingeniará y se le ocurrirá *algo* para solucionar su problema.

Yo estaba listo para hablarle al director de algunas otras alternativas que proveerían consecuencias lógicas, tales como dejar que Caleb se ganara el valor de su almuerzo barriendo pisos o limpiando tableros, pero el director era un hombre ocupado, y cortó de plano mis explicaciones.

—Señor, sencillamente no podemos hacer eso. Siento mucho que usted se sienta de este modo —añadió, y abruptamente colgó el teléfono.

Yo no estaba seguro qué planeaba hacer el director con la información que yo le había proporcionado, y de inmediato hice lo que con regularidad parecen hacer los papás: Olvidé todo respecto de Caleb y su almuerzo perdido. El director no volvió a llamar, y Caleb nunca nos dijo lo que sucedió. Era casi como si el almuerzo olvidado y la llamada del director nunca hubieran ocurrido.

Hasta tres días después. Esa tarde apareció en el buzón un sobre del distrito escolar dirigido a mí. Lo abrí con cierta curiosidad para descubrir la solución del director al problema de Caleb: una cuenta por un almuerzo caliente.

Aun a edad temprana, Caleb sabía y entendía todo respecto de las consecuencias lógicas. De vez en cuando las había experimentado en nuestra casa: «Si te esfuerzas en la escuela, sacarás buenas notas. Si no te levantas a tiempo, no desayunas. Si no haces tus deberes escolares, no verás tu programa favorito de televisión». Cada una de estas circunstancias representa una acción y su resultado previsible, o consecuencia lógica.

Debido al uso en nuestra familia de consecuencias lógicas, yo no tenía duda de que con solo *una vez* sin comida, Caleb recordaría su almuerzo por una cantidad seguida de días. Los funcionarios de la escuela, como representantes de nuestra sociedad, tenían una idea totalmente distinta. Ellos creían que Caleb no debería experimentar las consecuencias lógicas de no llevar su almuerzo. Creían que yo como padre debía intervenir y experimentar esas consecuencias lógicas a favor de mi hijo. Yo me debería sacrificar y sacar tiempo de mi trabajo para hacer el recorrido de dieciséis kilómetros a fin de entregar el almuerzo... o pagar el precio por medio de una cuenta enviada a mi casa. Ese día el distrito escolar le dijo indirectamente a Caleb: «Si olvidas tu almuerzo y tus padres no te sacan del apuro, el gobierno pagará».

> ↝ CONSECUENCIAS LÓGICAS: Resultados previsibles de una
> acción.

LO QUE SE HA PASADO POR ALTO

Nuestra sociedad enseña esta misma lección en varios niveles. Ya no seguimos el consejo del apóstol Pablo: «Si alguno no quiere trabajar, tampoco coma» (2 Tesalonicenses 3.10). Este es un gran ejemplo de consecuencias lógicas... algo que cada vez es más raro en nuestra sociedad. Muy a menudo quitamos lo *lógico* de las consecuencias lógicas para que nuestros hijos casi nunca experimenten ninguna clase de consecuencias previsibles. Ponemos tal énfasis en edificar la autoestima de los chicos que los recompensamos por las mínimas acciones buenas... y a veces hasta por las malas. La columnista y escritora Betsy Hart cuenta dos ejemplos de un director de un colegio privado en Chicago.

En el primer ejemplo, el director dice que cuando un niño recibe castigo por llegar tarde, a menudo los padres piden tomar el castigo por ellos, aunque la tardanza fuera únicamente culpa del niño. Los padres que hacen esto en realidad ocultan a sus hijos las consecuencias lógicas de la demora.

El segundo ejemplo involucra una niña de cuatro años que agarró unos aretes de una tienda por departamentos y no los pagó. Después de ayudar a su hija a devolver el artículo robado, la madre llevó entonces a su niñita a un almacén de juguetes para que eligiera una sorpresa.[1]

¿Es recibir algo especial una consecuencia lógica por robar? ¡Desde luego que no! Aunque sin duda la madre de la niña de cuatro años no lo comprendía, no solo hizo que su hija pasara por alto las consecuencias lógicas por robar, sino que reemplazó esas consecuencias con un premio.

RITUAL DE TRANSICIÓN EN LA CRIANZA DE LOS HIJOS

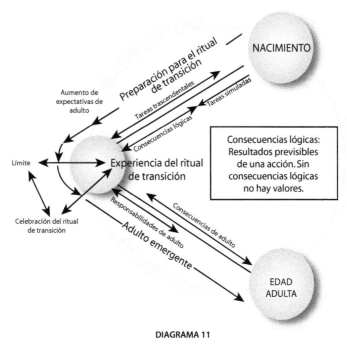

DIAGRAMA 11

El cambio cultural ha ido tan lejos que certifico que producirá críticas dejar que un niño se pierda una comida por olvidar su almuerzo, o negarse a reemplazar el juguete que el niño dejó en medio de la lluvia. A menudo se tilda de malos padres a los que *sí* permiten que sus hijos experimenten consecuencias lógicas por sus acciones.

Sin embargo, garantizo que irse contra la corriente y volver a poner consecuencias lógicas en las vidas de los chicos es una de las mejores cosas que alguna vez se hará por ellos. Las consecuencias lógicas que experimenten ahora inculcarán en ellos cualidades que les ayudarán a criarse como adultos capaces, responsables e independientes. En otras palabras, las consecuencias lógicas ayudan a padres que practican rituales de transición a preparar a sus hijos para la vida.

Los padres de hoy tienen que esforzarse por incorporar consecuencias lógicas en sus hijos. Años atrás los jóvenes recibían secuelas previsibles de manera más natural. Es más, cuando nos asentamos en esta nación como un país de inmigrantes formamos comunidades que tenían en común ciertos valores, reflejando a menudo los de una cultura o grupo étnico particular.

Cada región cultural tenía en común un sistema de valores y una serie de creencias, todo apoyado por consecuencias lógicas que se transmitían a generaciones sucesivas. Veo este patrón en nuestra familia. Los antepasados de mi esposa vinieron originalmente de Noruega, y se asentaron en Wisconsin. En realidad lo pronunciaban *Visconsin*. Tenían tradiciones, valores y creencias noruegas propias que compartían y transmitían a través de los años. Mi familia, sin embargo, es irlandesa. Recibí mi primer nombre de mi abuelo, Walker Winfield Scott, cuyo padre vino directamente de Irlanda. Es más, durante mi desarrollo todo en mi vida era irlandés. Simplemente sabía que la bien amada Lassie que yo veía cada semana por televisión era una buena perra irlandesa, que *Father Knows Best* (Papá lo sabe todo) nos mostraba una fuerte familia irlandesa, y hasta mi héroe, Superman, era (ya se lo imaginó) irlandés.

En nuestra comunidad rural irlandesa en Missouri teníamos una regla: cualquier padre puede darle unas nalgadas a cualquier niño. Recibir nalgadas es para los hijos pequeños una obvia consecuencia lógica. Puesto que los miembros de nuestra comunidad tenían en común el mismo sistema de valores, y creencias muy parecidas, si un padre creía que una acción era mala, el resto también la consideraba mala. Es más, si a nuestra comunidad entraba alguien que parecía o que actuaba de forma distinta a nosotros, no lo entendíamos. Éramos irlandeses, nuestras familias eran irlandesas, y nuestros valores eran irlandeses.

Como hemos visto, cuando nuestra cultura cambió después de la Segunda Guerra Mundial, y pasamos de una sociedad agrícola a una industrial, las cosas empezaron a cambiar. De pronto las personas comenzaron a mudarse a lugares donde podían encontrar empleos, en vez de permanecer donde las rodeaban sus sistemas culturales de valores y donde estos alimentaban el desarrollo de sus hijos. Algunos de los noruegos se mudaron a Missouri, trayendo con ellos sus valores y creencias. Algunos de los irlandeses se mudaron a Chicago, y otros grupos culturales con sus propios valores y creencias empezaron a dispersarse, a cambiar de lugar, y a mezclarse.

Con toda esta transición, nuestra nación experimentó una descomposición de las comunidades unidas que habían ayudado a inculcar valores y creencias morales en nuestros hijos por medio de consecuencias lógicas.

Como estos diferentes grupos culturales tuvieron dificultades en ponerse de acuerdo sobre qué acciones tenían qué consecuencias, comenzamos a eliminar por completo las consecuencias lógicas de las vidas de nuestros hijos. Al suceder esto se amplió rápidamente la variedad de valores y creencias. Por primera vez, usted podía tomar su decisión.

Su toma de decisiones

Cuando pienso en la forma en que se han multiplicado los valores y las creencias debido al cambio cultural, me remonto a la época de mi infancia en la granja de Missouri. Cuando a mis hermanos y a mí nos daba calor y sed por un largo día de mover fardos de heno o arreglar cercos, nos dirigíamos a la estación de gasolina con su refrigeradora llena de Coca-Colas. En realidad esa refrigeradora tenía botellas de Coca-Cola, Nehi de Uva, y Dr. Pepper. Yo siempre miraba a todas, pero siempre escogía la Coca-Cola.

Si hoy día me detengo en la estación de servicio para conseguir una Coca-Cola, también tengo que tomar una decisión. Sin embargo, mis opciones se han multiplicado en los años que han pasado desde mi época en la granja. Ahora puedo escoger entre Coca-Cola, Coca-Cola Dieta; Coca-Cola C2; Coca-Cola Cero; Coca-Cola Dieta con sabor a Limón, Vainilla, Frambuesa, Cereza, Mora, o Splenda… etc., etc. ¡Y eso ni siquiera incluye todos los demás refrescos con sus numerosos sabores y fórmulas variadas! Las miro una a una, desconcertado por las alternativas, y saco… una Coca-Cola.

A causa del cambio cultural de agrícola a industrial, esta generación tiene centenares de opciones para elegir… opciones que siguen acrecentándose a medida que llega más y más información a nuestros chicos a través de una amplia variedad de medios de comunicación y de otras fuentes. Estas alternativas se extienden más allá de las bebidas no alcohólicas. Cuando la sociedad quita las consecuencias lógicas de las vidas de los hijos, también quita los parámetros que los llevan a tomar buenas y sabias decisiones.

Todo comenzó en el huerto

Por otra parte, Adán y Eva tenían parámetros definidos. Cuando Dios puso a sus hijos en el huerto del Edén estableció ciertos límites. Él instituyó de modo muy sencillo: «Si comes… mueres».

Es decir, la consecuencia lógica de comer el fruto del árbol prohibido era la muerte. «Del árbol de la ciencia del bien y del mal no comerás; porque el día que de él comieres, ciertamente morirás» (Génesis 2.17). El Señor lo dijo, y así se estableció.

Ese día el fruto pareció muy atractivo. Eva había estado caminando en el Edén por algún tiempo, y el hambre la urgió más mientras se detenía a mirar alrededor. Cuando la astuta serpiente la tentó señalándole el árbol cargado con exquisitos frutos, a ella le fue fácil escuchar las engañosas palabras. «¿Qué mal podría hacer... solo una probadita?»

Una vez que Eva tomó su fatal decisión, simplemente parecía natural que le contara su descubrimiento a Adán. De repente el límpido aire del huerto ya no olía tan agradable, y el brillante cielo del huerto ya no parecía tan azul. Adán y Eva se escondieron de su Creador, experimentando por primera vez las emociones de culpa y vergüenza... solo una pequeña parte de lo que sabemos que eran consecuencias lógicas.

Dios lo supo. Lo supo todo desde el primer momento, pero cuando sus hijos salieron de su escondite, él empezó a reprenderlos como hace todo buen padre. «¡Se los dije! Si se los hubiera dicho una sola vez, ¡pero se los dije mil veces! ¿Cuántas veces se los he dicho? *¡No coman del fruto del árbol de la ciencia del bien y del mal!*»

Si usted revisa Génesis 3, o si conoce su Biblia, se dará cuenta de que Dios no dijo nada de eso. Es más, padres, si tienen que decir algo a sus hijos una y otra vez les están demostrando que la conducta de ellos no tiene consecuencias lógicas. Dios hizo exactamente lo contrario. Estableció una consecuencia lógica, un resultado previsible de comer el fruto: «Si comes... mueres». Debido a esta consecuencia lógica, cuando Adán y Eva decidieron desobedecerle se aseguraron la muerte: tanto física como espiritual.

SUSIE Y LA FERIA DE CIENCIAS

No permitir que los hijos experimenten consecuencias lógicas ha ayudado a hacer de la feria escolar anual de ciencia lo que es hoy: una pesadilla para todos los padres. Usted conoce la historia porque es probable que haya ocurrido en su casa... quizás más de una vez.

Es jueves por la noche, y la pequeña Susie ya está en cama cuando de su cuarto sale un grito.

—¡Oooh nooo!

—¿Qué pasa, cariño? —preguntan los preocupados padres.

—Lo olvidé.

—¿Qué olvidaste?

—Olvidé que tenía que hacer un proyecto para la feria de ciencias.

—¿Cuándo es la feria?

—Mañana.

—¿Qué? ¿La feria de ciencias es mañana? ¡Oooh nooo!

Papá y mamá sacan de la cama a la pequeña Susie y empiezan a consultar toda clase de libros y recursos en línea, tratando de imaginar cómo hacer un proyecto de último minuto que deje atónitos a los jueces. Poco después papá sale para el Súper Wal-Mart armado con una lista de compras de un metro de largo y agradeciendo a Dios que la tienda nunca cierra. Allí encuentra a otros treinta padres y, ¿se imagina qué? Solo unos instantes atrás estos padres también se enteraron lo de la feria de ciencias.

En algún momento después de medianoche la pequeña Susie está tan adormilada que papá y mamá la enviaron a la cama. Con el vencimiento del proyecto en la mañana no tienen más alternativa que permanecer despiertos y terminarlo. Es más, en lo que a ellos respecta, el proyecto se ha convertido en *su* tarea trascendental. Mamá escribe en la computadora mientras papá pone a funcionar el complicado experimento, usando su cámara digital para tomar fotos desde varios ángulos. Trabajan juntos para preparar una brillante demostración. Justo antes del desayuno despiertan cansinamente a Susie, con la seguridad de que la han protegido de la vergüenza de que ella tenga que admitir ante la maestra: «Lo olvidé».

Vea usted, yo conozco esas actividades de toda la noche. He estado en esas ferias de ciencias, y fácilmente he identificado los proyectos que hicieron papá y mamá. ¿Sabe qué? ¡Los chicos casi no sueldan así de parejo!

Cuando los muchachos no enfrentan consecuencias lógicas por las decisiones que toman aprenden que toda decisión (y todo resultado) es negociable. Si un maestro castiga a Pequeño Johnny, la madre de este irá al colegio y hablará con el maestro acerca de la disciplina. Si la pequeña Susie saca una nota mala, su padre llamará al profesor y logrará que se la borren de su expediente académico. Suelo decir a los padres: «Donde no hay consecuencias lógicas, no hay valores».

Serví durante poco más de diez años como ministro de jóvenes en la Primera Iglesia Bautista de Tulsa, una iglesia en la zona empobrecida. Debido a su ubicación llegaban a nuestra puerta muchos personajes interesantes. La iglesia está situada directamente frente a una terminal de autobuses Trailways. Siempre que se desocupaba un bus, típicamente algunos de los pasajeros atravesaban la calle para ver qué les podía ofrecer la iglesia en forma de comida, dinero u otra clase de ayuda.

Nuestra iglesia tenía a los más ricos de los ricos y a los más pobres de los pobres, y lo mismo reflejaba mi ministerio de jóvenes. Uno de los estudiantes en mi grupo de jóvenes podía abrir un auto cerrado y encenderlo en pocos segundos. Es más, era tan astuto en

☙

DONDE NO HAY CONSECUENCIAS LÓGICAS, NO HAY VALORES.

esto que demostró sus destrezas... cincuenta y dos veces. Después de su arresto lo llevaron a la corte juvenil. Como era tan joven, la corte decidió no enjuiciarlo ni hacer nada más respecto de los autos robados.

El joven aprendió una lección de su experiencia. Al no haber experimentado ninguna consecuencia lógica por robarse cincuenta y dos autos, aprendió a continuar su vida de crímenes. Donde no hay consecuencias lógicas no hay valores.

Nuestra sociedad refleja de arriba a abajo esa verdad. Durante el juicio de OJ Simpson yo vivía en Budapest, Hungría. Todas mis amistades húngaras me decían lo mismo: «Ustedes los estadounidenses siempre se salen con la suya. Mientras más dinero tengan, menos sufrimiento experimentan». Ellos hablaban de consecuencias lógicas.

Los niños pequeños no tienen problemas para aprender acerca de consecuencias lógicas, mientras los padres estén dispuestos a proporcionárselas. Si usted pone la mano sobre una hornilla caliente, se hace daño. Usted asigna un valor (bueno o malo) a una actividad (poner la mano sobre una hornilla caliente). La consecuencia lógica de poner la mano sobre una hornilla caliente es que se le quema la mano. Una vez que usted sabe esto aleja las manos de las hornillas calientes.

En mi trabajo he estado en culturas musulmanas. En los bazares al aire libre en las ciudades musulmanas usted verá libremente exhibidos collares, cadenas y hasta brazaletes de oro, pero ninguno de ellos desaparece alguna vez. Los parámetros están bien establecidos por anticipado: si usted agarra cualquiera de las joyas de oro; es más, si agarra *cualquier cosa*, le cortan la mano. Todos saben eso, incluyendo los ladrones potenciales. Esa cultura ha inculcado fuertes consecuencias lógicas que han moldeado valores, creencias y comportamientos en la sociedad.

Zona en construcción

Quiero que imagine por un momento la vida de su hijo como un proyecto de construcción en que usted, el padre, es el contratista. Aunque Dios es el arquitecto y constructor, usted supervisa a los variados subcontratistas que trabajan con usted. En el caso de su hijo, a usted le preocupa especialmente la infraestructura de la edificación: que los valores correctos correspondan con las creencias correctas para producir la clase correcta de vida. Después de todo, a usted no le interesa levantar un *niño...* está formando un *adulto* capaz, responsable e independiente.

PROYECTO DE CONSTRUCCIÓN

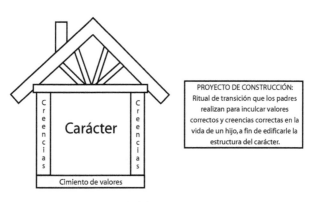

Carácter

Creencias · Creencias

Cimiento de valores

PROYECTO DE CONSTRUCCIÓN:
Ritual de transición que los padres realizan para inculcar valores correctos y creencias correctas en la vida de un hijo, a fin de edificarle la estructura del carácter.

DIAGRAMA 12

Veamos los componentes de esta edificación. Como contratista, usted debe establecer un cimiento hecho de *valores correctos...* esos principios subyacentes que guían la vida de su familia. Después usted añade *creencias correctas*, pensamientos expresados como acciones, sobre los valores. Los valores correctos y las creencias correctas se combinan para levantar la estructura del *carácter* de su hijo, el fondo moral que define la identidad de él. Cuando los cimientos y las paredes no se alinean, aparecen grietas.

La cultura moderna produce en la vida de un niño creencias y valores que quizás no se ajusten para nada al cimiento que los padres establecieron... aunque ese cimiento se haya construido con los valores correctos. En el próximo capítulo hablaré más de esas fallas de construcción, pero si usted construye cimientos con los valores correctos y no permite que en el camino sus hijos experimenten consecuencias lógicas, las pequeñas fallas se convertirán en problemas graves.

- ↝ VALORES: Aspectos que un individuo aprecia o considera dignos.
- ↝ CREENCIAS: Pensamientos expresados como acciones.
- ↝ CARÁCTER: Fondo moral que define la identidad de un individuo.

Padres... despierten. Si no dan media vuelta y establecen en las vidas de sus hijos un cimiento de valores que se base en la voluntad y la Palabra de Dios, y agregan luego las creencias correctas usando consecuencias lógicas para apoyarlas, no permanecerá la edificación que usted está supervisando. En realidad, las consecuencias lógicas son parte esencial de los métodos de construcción diseñados por el Arquitecto y Constructor. Regresemos a lo que él dice, y alineemos las vidas de nuestros hijos de acuerdo con sus planos.

⚜ RESUMEN DE *RITUAL DE TRANSICIÓN EN LA CRIANZA DE LOS HIJOS* ⚜

Las consecuencias lógicas, los resultados previsibles de una acción, están desapareciendo gradualmente de las vidas de los niños. Muy a menudo nuestra cultura supone que los padres mismos, o hasta el gobierno, deberían asumir las consecuencias lógicas de las acciones de los niños. Como resultado es frecuente que se catalogue de malos a los padres que permiten que sus hijos experimenten consecuencias lógicas.

Aunque establecimos nuestra nación en comunidades basadas en valores y creencias similares, el cambio cultural ha quitado esas comunidades de apoyo y sus consecuencias lógicas mutuamente aceptadas. Esto comenzó cuando las personas se mudaron hacia sus empleos y se alejaron de la familia extendida. Sin consecuencias lógicas, a los niños de hoy les es difícil tomar decisiones prudentes de entre la gran variedad de valores y creencias que los rodean. En consecuencia es defectuosa la edificación de su carácter, y sus vidas terminan en necesidad de reparación constante.

⤳

CAPÍTULO OCHO

EL RESULTADO DE:
«¿EN QUÉ ESTABAS PENSANDO?»

A menudo los chicos toman malas decisiones porque nuestra cultura no les ha designado creencias y valores como buenos y malos.

C uando en cierta ocasión me invitaron a trabajar en China por algunas semanas fui el invitado de honor en un banquete diplomático. Yo sabía que mi huésped me consideraba muy importante porque me sentó al lado de la persona más anciana allí. ¡Ella parecía como de ciento ochenta años de edad! Deliberadamente me pusieron al lado de esta anciana porque los chinos aprecian mucho a los ancianos y para mostrar su consideración a su invitado de EE.UU.

El banquete llegó en trece platos separados… y en ninguno de ellos el arroz que típicamente asociamos con la comida china. Cuando llegó la entrada miré mi plato con ansiedad. *¿Qué eran esas extrañas cosas?* Hmmm… ¡patas de pollo! Por eso me parecieron tan conocidas. Lo que ahora aparecía en mi plato ya lo había visto corriendo por el establo o escarbando rápidamente en la granja en Missouri.

Como cualquier buen estudiante de cultura, observé a quienes estaban alrededor para obtener claves acerca de la conducta apropiada. Vi que la anciana agarraba una pata de pollo y comenzaba a chupar la grasa que rodeaba cada parte. Era obvio que ella disfrutaba; es más, se relamía ruidosamente los labios.

Eso es extraño, pensé. *Si de niño yo hubiera intentado hacer eso, mamá me habría…* Sin embargo, yo sabía que para no ofender a nadie no solo tendría que *observar* sino también *imitar* a quienes me rodeaban. Para ese momento la anciana no era la única en relamerse los labios. Agarré una pata de pollo y comencé a chupar y a relamerme con el resto. Mamá debió haberme enseñado bien porque tuve dificultad en practicar lo que, según las normas de Missouri, era mala educación.

Antes de haber terminado la exquisitez de la pata de pollo, los meseros trajeron el siguiente plato: calamares crudos. Seguí observando a mis compañeros huéspedes para no pasar vergüenza. La relamida de labios continuó, y pronto fue seguida por algo mucho más ruidoso. Mi anciana amiga abrió la boca y soltó un eructo que estremeció el salón. Yo estaba seguro de que los demás no se volvieron a mirarla porque estaban demasiado ocupados eructando. Mi educación de pastor de jóvenes me había preparado bien. Me sentí como si estuviera encerrado de vuelta en el último año de colegio.

Repito, mamá no me crió para relamerme los labios o eructar después de comer. Me crió para hacer algo más, sin embargo, y estaba listo a practicarlo. Como toda buena madre de la década de los cincuenta, mamá me crió para *dejar limpio el plato*. En realidad, debido a mi madre, sentí una extraña conexión con el pueblo chino. Por años ella me había incitado a dejar limpio el plato porque «los niños de China se están muriendo de hambre». Yo solo sabía que allí la gente se levantaría y me llamaría bendito. Después de todo, durante los años había dejado limpios miles de platos en nombre de los chinos. En realidad siempre me pregunté cómo podría influir hasta China que yo limpiara platos en Missouri. Mamá nunca me lo dijo, pero me seguía obligando a dejar limpio mi plato.

Mientras yo devoraba los calamares noté que todos a mi alrededor ya habían empezado el siguiente plato. No obstante, por alguna razón el mesero agarró mi plato vacío y me trajo más calamares. Los devoré, también, pero antes de que pudiera terminar, él quiso llevarse el plato. Otro mesero trajo el tercer plato, de modo que finalmente pude alcanzar a mis compañeros de cena.

No me llevó mucho tiempo imaginármelo, especialmente después de que otro invitado se compadeciera y me explicara. Mamá me crió haciéndome creer que dejar los platos limpios era una señal de cortesía. Pero en China significaba todo lo contrario. Un plato limpio significaba que usted es descortés. En realidad le estaba comunicando al huésped que debía proporcionarme más alimentos... que de algún modo la comida fue insatisfactoria o insuficiente. Observé que después de cada plato los demás convidados dejaban una pequeña cantidad de comida en sus platos. Llegué a convencerme de que si alguien en China tuviera solo tres granos de arroz en su plato, se comería dos y dejaría uno.

EL VALOR DEL JUICIO

Esta experiencia en cortesía me ayudó a distinguir entre *valores* y *creencias*. Revisemos nuestra definición: un *valor* es algo que usted aprecia o considera digno. Por otra parte una *creencia* se refiere a algo que usted cree y que luego lleva a cabo. Es un pensamiento ligado a una acción. Cuando fui a China, yo sostenía algunos valores acerca de las comidas. El primero era comer bien (uno de mis valores más antiguos). También retenía el valor de felicitar a quien prepara una buena comida. Finalmente, apreciaba honrar al anfitrión realizando acciones educadas que llamamos *buenos modales*.

Mis maravillosos anfitriones chinos tenían mis mismos valores: buena comida, honra para quien la preparaba, y buenos modales. Aunque sostenían los mismos valores correctos que yo, tenían diferentes creencias. Mis creencias me decían que era mala conducta relamerse los labios, eructar ruidosamente, y dejar comida en el plato. Tuve que mirar más allá de lo que *parecían* creencias equivocadas (porque en realidad solo eran diferentes de las mías) para ver una base de valores correctos. Aparte de eso, yo tendría que haber mirado a mis queridos amigos chinos y haber dicho: «¿Qué estaban *pensando*?»

Al estudiar la cultura juvenil y orar por mis hijos, yo sabía lo que deseaba. Quería criarlos de acuerdo con los valores correctos y las creencias correctas que nuestra familia tenía. Es más, si no me hubiera esforzado en darles consecuencias lógicas por su comportamiento habrían estado eructando y relamiéndose los labios después de cada comida. Cathy y yo pusimos a propósito consecuencias lógicas en las vidas de nuestros hijos, para que ellos pudieran aprender a actuar de forma apropiada en nuestra cultura... y los padres chinos hacen lo mismo. Ahora me lo puedo imaginar: «Wah Sing, ¡ese eructo fue demasiado silencioso! Y solo te lamiste dos veces los dedos. Muéstranos ahora buenos modales, o te quitaremos tus patas de pollo». Donde no hay consecuencias lógicas no hay valores. Es más, las consecuencias lógicas indicarán claramente la diferencia entre lo bueno y lo malo, preparando a nuestros hijos para tomar decisiones sabias. El uso adecuado de consecuencias lógicas ayudará a asegurar que ellos tengan las creencias y los valores adecuados, que los prepara para la vida.

Valores correctos, creencias equivocadas

Antes del cambio cultural que causó la desintegración de muchas comunidades étnicas, padres e hijos tenían los mismos valores y creencias, y la comunidad en que estaban apoyaban tanto lo uno como lo otro. Hoy día, aunque los miembros de la familia tengan los mismos valores, el mundo moderno bombardea a los niños con toda clase de creencias incompatibles. El hecho de que muchos chicos decidan adoptar como suyas estas extrañas creencias es la causa de un sinnúmero de conflictos familiares.

Papá y mamá: no es culpa de ustedes. El cambio cultural ha producido una variedad tan amplia de creencias en el promedio de hogares, que ahora vemos que incluso chicos criados en la iglesia de repente aparecen en ropa gótica, ven programas inadecuados, y andan con amistades que no comparten sus creencias básicas de fe. Aunque hayamos puesto una base de valores correctos en las vidas de nuestros hijos, las creencias equivocadas promocionadas por nuestra cultura los animan a actuar en formas que nunca previmos.

Incluso con una base de valores correctos, tanto los padres como los hijos pueden sostener muchas creencias erróneas que guían su conducta. Esta discrepancia causa conflictos internos y externos, obligando al individuo a justificar acciones erróneas. Volviendo a nuestra analogía de construcción, ellos recurren a *puntales*: declaraciones de falsas ideas o lógica defectuosa que permiten a alguien racionalizar sus decisiones.

◦ PUNTALES: Declaraciones de falsas ideas o lógica defectuosa usadas para racionalizar creencias o valores errados.

Por ejemplo: una estudiante valora la sexualidad (un valor correcto). En consecuencia cree en esperar hasta el matrimonio para tener sexo (una creencia correcta). Otra estudiante también valora la sexualidad; y por consiguiente, cree que solo debería tener sexo con alguien que la «ame» (valor correcto, creencia equivocada). Mientras esté enamorada justificará tener sexo. Un estudiante valora las buenas notas (valor correcto), por ende cree que debe esforzarse en el colegio (creencia correcta). Otro estudiante también valora las buenas notas, en consecuencia cree que debe hacer trampa para asegurar su puntaje promedio de notas (valor correcto, creencia errónea). Justifica sus acciones porque cree que las buenas notas son el camino más indicado hacia un futuro seguro.

Sin embargo, en ninguno de los casos el futuro es brillante. La Biblia dice: «Cual es su pensamiento [del hombre] en su corazón, tal es él» (Proverbios 23.7). Como estos estudiantes no han aprendido a distinguir entre creencias correctas y equivocadas a través de experimentar adecuadamente consecuencias lógicas, los efectos serán aun más devastadores cuando finalmente se eliminen sus racionalizaciones. Cuando esto ocurre, su construcción colapsará.

Durante el desarrollo de nuestros hijos, Cathy y yo nos esforzamos por criarlos de acuerdo con la voluntad de Dios, como se revela en su Palabra. Esta es la única fuente confiable de creencias y valores universalmente correctos. Tratamos de inculcarles estos valores y estas creencias en sus vidas, y luchamos contra los que se oponían a la sabiduría bíblica.

BAJO CONSTRUCCIÓN

Piense una vez más en nuestra analogía de proyecto de construcción. Recuerde que, como padres, Dios los ha diseñado como los contratistas de la personalidad de sus hijos; es responsabilidad suya realizar la labor todos los días, observando para asegurarse que los subcontratistas hagan bien su trabajo.

Hace años era fácil para los contratistas. Había pocos subcontratistas, y todos tenían los mismos valores y creencias: los maestros, los vecinos, y hasta los cajeros en la tienda de comestibles de la esquina… todas las personas con quienes los chicos se relacionaban. Pero al desintegrarse las comunidades basadas en valores cuando la gente se mudó para encontrar empleo, se debilitó cada vez más la fuerza de valores y consecuencias lógicas que tenían en común. Por otra parte, los medios de comunicación y las explosiones tecnológicas agregaron todo un nuevo grupo de subcontratistas con un aporte casi constante en las vidas de nuestros hijos. Internet, televisión, películas, CD, DVD, MP3 y demás tecnologías modernas estimulan cada vez más toda clase de creencias variadas. No asombra que nuestros chicos tengan dificultad para escoger entre lo bueno y lo malo.

Todo trabajo de construcción necesita un buen contratista, y las personalidades de nuestros hijos no son la excepción. Sin embargo, el papel de los padres está disminuyendo de algún modo en la cultura contemporánea. No queremos herir los sentimientos de nuestros hijos, por eso les dejamos que vean un programa popular de televisión con connotaciones sexuales. No queremos dañarles su autoestima, por tanto les compramos un juguete cada vez que visitamos la tienda. Tememos que nos acusen de maltrato, de modo que dudamos en disciplinarlos. Ni siquiera nos gusta decir no. Después de todo, se supone que los debemos hacer felices, ¿no es así?

La periodista Betsy Hart llama «expertos» en la cultura de crianza de hijos a los psicólogos y médicos que defienden esta clase de vida centrada en el niño. Su libro *It Takes a Parent: How the Culture of Pushover Parenting is Hurting Our Kids—and What to Do About It* [Se necesita un padre: Cómo la cultura de la fácil crianza de hijos está dañando a nuestros chicos... y qué hacer al respecto] anima a los padres a ir contra la corriente. Ella expone serias preocupaciones acerca de la cultura que estimula a los padres a idolatrar a sus hijos.

Una de las ilustraciones más persuasivas en el libro de Hart viene directamente de la página principal del *Wall Street Journal*, donde, en un artículo titulado «¿Necesita ayuda con un hijo maniático? Padres con los nervios de punta llaman a un profesor», la escritora Barbara Carton narra la historia de Ellen Griswold de tres años de edad, a quien le daban berrinches y contestaba con groserías a su madre. Su indignada madre rápidamente pidió refuerzos en forma de un profesor local en crianza de hijos.

Después de meses de trabajar personalmente con un profesor, por teléfono y en línea, la Sra. Griswold es un cliente satisfecho. Para frenar los frecuentes berrinches de Ellen al salir de casa, el profesor sugirió que le ofreciera artículos de disfraz, tales como una diadema, la cual la preescolar podría usar después de salir satisfactoriamente de la casa. La Sra. Griswold, quien gastó cerca de ciento cincuenta dólares en el profesor, manifestó: «Esto eliminó la crisis. Valió la pena cada centavo».[1]

A causa de las presiones de la cultura que nos rodea, muchos padres modernos han decidido que la posición de contratista es muy difícil de manejar. Crían a los hijos por omisión, y los subcontratistas pueden edificar cualquier cosa que deseen en estas jóvenes vidas. No hay nadie de pie en la puerta para inspeccionar la calidad de sus materiales (valores) o su trabajo (creencias). Nadie se asegura que las paredes se levanten firmes y veraces. La plomada está rota... ¿la ve usted oscilando desordenadamente de lado a lado?

Puesto que los contratistas no hacen bien su trabajo, nunca pueden dejar el edificio. Deben pasar tiempo allí, arreglando un salón u otro, todo el tiempo apuntalando o reparando partes que al principio no se construyeron adecuadamente. Ahora no solo se han convertido en padres helicópteros sino en *operarios a la vista*, que dan soluciones rápidas para los problemas que surgen a medida que sus hijos entran a la edad adulta.

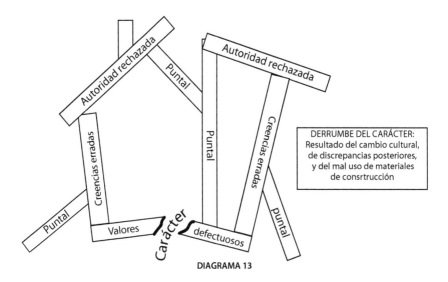

DERRUMBE DEL CARÁCTER:
Resultado del cambio cultural, de discrepancias posteriores, y del mal uso de materiales de consrtrucción

DIAGRAMA 13

Típicamente los muchachos que se crían sin consecuencias lógicas no toman responsabilidades de adultos debido a los valores y creencias incompatibles que se usaron en su construcción. No asombra que los chicos McDonald's tengan tanta dificultad para estar solos o para averiguar y cumplir los propósitos que ha diseñado el Arquitecto y Constructor. Los cimientos de estos chicos mezclan valores buenos y malos, tienen muchas creencias apoyadas por puntales de pensamiento falso, y no saben tomar decisiones sabias. Se podría decir que sus vidas no pasarán la inspección.

Lo valioso y lo no valioso

Mientras crían a sus hijos, los padres que brindan ritual de transición les enseñan a tomar decisiones sabias que levantan vidas sanas. Estas vidas son capaces, responsables, independientes, e incluyen consecuencias lógicas que les enseñan a evaluar alternativas y a tomar decisiones prudentes. Enseñar a sus hijos a conocer la diferencia entre lo *valioso* y *no valioso* a través del uso de consecuencias lógicas es una de las mejores inversiones que hará como padre.

Por ejemplo, la promesa de Dios para los hijos les ordena: «Obedeced en el Señor a vuestros padres, porque esto es justo. Honra a tu padre y a tu madre, que es el primer mandamiento con promesa; para que te vaya bien, y seas de larga vida sobre la tierra» (Efesios 6.1-3). Los hijos deben entender que obedecer a los padres es valioso. Los padres proveen protección y dirección. Sin embargo, desobedecer a los padres no es valioso. Dios demuestra esto en las consecuencias lógicas que estableció: obedezcan a sus padres, les irá bien y tendrán larga vida. Desobedezcan a sus padres, y sus vidas no serán buenas ni largas. Entender las consecuencias lógicas ayuda a un hijo a tomar decisiones sabias.

He pasado algún tiempo hablando con prostitutas y drogadictos en el Distrito Red Light de Ámsterdam, y cada uno tiene una historia que contar acerca de malas decisiones. Ninguno de ellos empezó pensando: *Quiero ser prostituta cuando sea grande. No, ¡lo que en realidad quisiera ser es drogadicto!* Al contrario, tenían sueños de algo bueno y grandioso.

Ninguno de estos hombres y mujeres jóvenes entendió que en el camino debían evaluar toda decisión, decidiendo si era buena o mala, valiosa o no valiosa. Algunos de ellos me contaron que tomaron una mala decisión a los doce o trece años de edad que los llevó a vender sus cuerpos en las calles. Explicaron cómo la decisión de aspirar por primera vez heroína los llevó a la adicción, y cómo la droga se convirtió en su amo, que los llevaba a consumir más, a pactos, a robos... cualquier cosa para satisfacer sus insaciables deseos de más y más.

- ❧ VALIOSO: Considerado digno, preciado.
- ❧ NO VALIOSO: Considerado deshonroso o sin importancia.

La filosofía de la década de los sesenta afirmaba: «¡Inténtalo... te gustará!» Hoy día los muchachos creen tener la opción de probar cualquier cosa que deseen. Sin embargo, el enemigo sabe que si lo prueban se volverán adictos. Y ya que nuestra cultura bloquea o retrasa las consecuencias lógicas, los chicos llegan muy lejos por el mal camino antes de experimentar los efectos de sus decisiones. En ese punto sus vidas ya podrían estar destrozadas.

El enemigo se esfuerza por conseguir el control en las vidas de nuestros hijos. Examinemos cuatro elementos donde trabaja afanosamente.

LENGUAJE

Por lo general el lenguaje es el primer elemento donde los chicos toman decisiones entre valiosas y no valiosas. ¿Qué niño de dos años no capta rápidamente el poder de *no* y *mío*?

Cuando nuestros hijos eran jóvenes decidimos enviarlos a una escuela al otro lado de la ciudad. Debíamos llevarlos y traerlos, pero creímos que asistir a ese instituto serviría como una importante experiencia intercultural. Las familias cuyos hijos asistían a esa escuela llevaban vidas muy diferentes a la nuestra. Aunque sabíamos que quizás veríamos algunas consecuencias adversas, nada nos pudo haber preparado para lo que sucedió.

¿Por qué será que los chicos siempre deciden los peores momentos para cometer sus mejores, y más desagradable, pecados? En esta ocasión mi abuela Moore había venido a visitarnos. Yo siempre había pensado en ella como el cuarto miembro honorario de la Trinidad: Padre, Hijo, Espíritu Santo, y Abuela Moore. Ella era una abuela piadosa y apegada a la Biblia, y tanto Cathy como yo estábamos encantados de tenerla en casa. En esta ocasión Jeremiah llegó del kindergarten a casa con su pequeña mochila, emocionado de mostrar a su bisabuela lo que había aprendido ese día. Mientras iba hacia la silla de ella, exclamó lleno de emoción: «¿Abuela, cómo _____ te ha ido?»

Abuela Moore comenzó de inmediato a orar en voz alta sobre este niño perturbador. Yo observaba, asombrado y avergonzado, mientras ella lo miraba de arriba abajo, y de lado a lado, echando fuera demonios mientras se iba. ¿Qué había ocurrido a nuestro dulce y obediente pequeñuelo?

Sin duda Jeremiah no estaba solo en esta temprana adquisición de malas palabras. Nuestra cultura parece proveerlas en todas partes adonde van los chicos. Un informe del 2004 del Consejo de Televisión para Padres sobre el estado de la industria de televisión descubrió «un aumento en groserías del lenguaje en el 2002 prácticamente en toda cadena y en todo horario, incluyendo la supuesta "Hora Familiar" de ocho a nueve de la noche».[2] El mismo informe también estableció: «La cadena WB enfocada en adolescentes tuvo un incremento de 188% en vulgaridades durante la hora familiar entre 1998 y 2002. Ese lenguaje aumentó en 308,5% durante la segunda hora de mayor audiencia».[3]

No debería sorprender que el problema del lenguaje también se extienda a MTV.

Los niños pequeños que ven MTV están sometidos aproximadamente a 8,9 vulgaridades por hora no sustituidas por pitidos, y 18,3 vulgaridades adicionales por hora sustituidas por pitidos. En contraste, el horario de las diez de la noche en las cadenas de transmisión solo promediaba 6,5 usos de vulgaridades por hora, según las últimas investigaciones del Consejo de Televisión para Padres… Los videos musicales contenían más palabras soeces y violencia que las series o especiales de MTV. En las ciento nueve horas de programación de video contenidas dentro del período de estudio, los analistas registraron 3.483 usos de lenguaje soez (treinta y dos casos por hora).[4]

Lo que había pasado a Jeremiah es lo que ha pasado a nuestra cultura. Después de que mi rostro dejó de enrojecerse y mi presión sanguínea empezó a regresar a su ritmo normal, reaseguré a la abuela que Jeremiah *no* había aprendido esa palabra en nuestro hogar. Finalmente, comencé a pensar en cómo debía responder. Este era el inicio de un proceso de enseñar a nuestros hijos la diferencia entre lenguaje valioso y no valioso (vea capítulo 9).

POSESIONES

Lo oigo todo el tiempo: «Los chicos sencillamente ya no entienden el valor de un dólar». Creo que va más allá del dólar. Los muchachos no han aprendido la diferencia entre lo que es valioso y lo que no tiene importancia. Viven en una cultura materialista que desecha todo. Cuando todo es más grande y mejor, es difícil saber qué es valioso.

John-Boy no tuvo problemas para saber lo que era valioso en su vida. Su familia trabajó duro por lo que tenían. Si la cosecha no resultaba buena ese año, había menos comida en su mesa. Eso hacía valiosa toda hilera de maíz y todo cultivo de papas. Si la vaca se secaba, John-Boy y sus hermanos no tenían leche para tomar. Esa vaca era valiosa. Si el viejo camión se descomponía, Pa tenía que pasar tiempo arreglándolo, y John-Boy tenía que faltar a la escuela para encargarse de las tareas extra. John-Boy sabía que el camión también era valioso.

Hoy día las vidas de nuestros hijos empiezan con montones de posesiones. Reciben más, más y más en cumpleaños, Navidad y a menudo sin motivo especial. Ellos tienen sus propios dormitorios, con frecuencia totalmente llenos de teléfonos, televisores y computadoras. Sus padres los llevan a lecciones de música o fútbol, o a equipos de porristas en autos relucientes mientras hablan por celulares de última moda... y al poco tiempo los chicos tienen sus propios celulares de última moda y sus resplandecientes autos propios. Si los muchachos pierden los celulares o destrozan los autos, la mayoría de los padres se los reemplazan rápidamente. ¿Asombra que nuestros chicos no sepan qué es valioso? Todo es desechable y de fácil reemplazo. Ya nada tiene valor real. Nada es importante.

Una página Web de crianza de los hijos hasta acuñó una expresión para este aspecto de la cultura juvenil:

Los psiquiatras afirman que estamos criando una generación consentida, materialista y aburrida. Esto a menudo empieza con padres bienintencionados que desean brindar a sus hijos toda ventaja... y termina con chicos que creen que lo que tienen es más importante que lo que ellos son.

Existe un nombre para esto: *Affluenza*. También existe una cura. Esta empieza de nuevo con los padres. El Dr. Peter Whybrow, psiquiatra y neurocientífico, afirma: «Lo que los padres deben hacer primero es estar conscientes de que esto es tan malo para sus hijos como alimentarlos con caramelos todos los días».[5]

Escribiendo contra lo que ella denomina la moderna «cultura de crianza de hijos» que provee a sus hijos a pesar del costo, la periodista y escritora Betsy Hart concuerda:

Hasta chicos de clase media… están obteniendo demasiadas cosas. Juguetes, aparatos electrónicos, teléfonos celulares… es una exageración. Muchos padres que pueden dar a sus hijos estas cosas parecen estar empezando a ver que tal esplendidez crea egoísmo, un sentido de vida que se extiende a un hijo en bandeja de plata, una suposición de que al niño se le deben esas cosas. Finalmente, libros y revistas sobre crianza están llenos de amonestaciones en contra de dar demasiados bienes materiales a niños de todas las edades. Estamos empezando a oír, hasta de parte de la cultura de crianza de los hijos, que negar a un niño bienes materiales que no necesita puede tener beneficios terapéuticos increíblemente positivos.[6]

Cuando nuestros hijos eran pequeños tuvimos el mismo problema que tienen muchas familias. Sus posesiones, en particular su ropa, terminaban tiradas por todo el piso en sus dormitorios, o sobre el sofá en la sala de estar. Este problema nos ayudó a idear una manera de enseñarles la diferencia entre posesiones valiosas y no valiosas. Todo comenzó por enseñarles a limpiar sus cuartos.

Si usted pudiera enterarse de cómo lograr que sus hijos limpien sus cuartos de una vez por todas, ¿no valdría el precio de este libro y más? La mayoría de los padres y estudiantes me hablan de los grandes conflictos familiares que involucran este mismo asunto. Cuando los chicos dejan sus pertenencias tiradas por todas partes, muestran que no las consideran valiosas. Como no consideran que algo en sus cuartos merezca cuidado, no lo cuidan. En el próximo capítulo hablaré de qué hicimos para erradicar este problema y los efectos de esto en nuestra vida familiar, y de cómo usted puede hacer lo mismo.

FINANZAS

He aquí otra historia familiar. Papá y mamá reciben una llamada telefónica de su hijo o su hija en edad universitaria. ¡Emergencia 911! ¡La cuenta corriente está sobregirada! Se repite la escena de la feria de ciencia: mismos personajes, enfoque diferente. Ahora estos padres helicópteros corren al banco, transfieren dinero, y hacen todo lo que está en sus manos para rescatar a su hijo de las consecuencias lógicas de la irresponsabilidad económica.

Piense en el siguiente ejemplo, tomado de los archivos de expertos en inversión y programación estatal, acerca de una pareja a la que aconsejaron, y que aún mantenía a una hija soltera de poco más de treinta años de edad:

> La familia desarrolló un plan administrativo que retiraba paulatinamente el apoyo paternal en un período de cuatro años.… Cuando se anunció el plan… fue acogido con lágrimas y hostilidad… pero para el fin del cuarto año [la hija] se mantenía por completo.[7]

¿Consideraría usted esta historia como un éxito? Creo que es un ejemplo triste pero perfecto de un fenómeno demasiado común: el *espíritu de ayuda social*. Como no hemos dado a nuestros hijos consecuencias lógicas, ellos creen que alguien más debería sacarlos de todo apuro económico (o de otra clase). Cuando eran jóvenes, mis abuelos creían que ellos mismos debían pagar por lo que hacían mal… y se enorgullecían de proceder así. Los chicos McDonald's y B2B no tienen problema en pedir, y hasta en exigir, ayuda de papá y mamá.

> ⤙ ESPÍRITU DE AYUDA SOCIAL: Creencia de un individuo de que se le adeuda dinero, tiempo, posesiones, etc., por el solo hecho de existir: «Existo; por tanto, me debes».

He aquí lo que dicen los expertos en programación:

> Muchos niños que se crían en hogares prósperos tienen la idea de que el dinero crece en los árboles; que hay tanto dinero que nunca se terminará, y que, si terminara, pueden mágicamente hacer que crezca más. En consecuencia, son incapaces de ejercer limitaciones cuando reciben dinero.[8]

Un consejero guía de colegio con veintiséis años de experiencia tiene ideas definidas en cuanto a este tema:

Los padres no han asumido sus responsabilidades paternales, y en vez de eso se han convertido en amigos y patrocinadores económicos de sus hijos. Es raro tener un padre con altas expectativas, con una serie de reglas estructuradas, y con una firme base moral para guiar a sus hijos.

Mis observaciones me dicen que esta generación venidera es la más consentida y menos agradecida de todas las generaciones hasta ahora. Sus miembros esperan que alguien les proporcione todo. Estamos destruyendo nuestras generaciones futuras al quitarles el valor de tener que ganarse lo que valoran.[9]

Si los padres no solucionan esto, sus hijos siempre estarán luchando por llegar a fin de mes. A causa del espíritu de ayuda social, ellos no entienden que no tiene sentido comprar un televisor de pantalla gigante con un presupuesto de pantalla de dieciocho pulgadas. En el capítulo nueve también enseñaré cómo «¡arréglalo, hermano!» en este importante aspecto.

SEXUALIDAD

El problema de la sexualidad desde los días del cambio cultural se puede resumir de modo muy sencillo: *pérdida de inocencia*. El Señor le da a cada individuo cuando nace un regalo para que comparta con alguien más: el regalo de la inocencia. La inocencia es lo que Satanás robó de Adán y Eva en el huerto del Edén, y es lo que también trata de quitar de nuestros hijos.

> ⇝ PÉRDIDA DE INOCENCIA: Corrupción de uno o más aspectos de pureza en cuerpo, mente, alma o espíritu.
> ⇝ INOCENCIA: Pureza en cuerpo, mente, alma o espíritu.

Al manipular la contribución de los medios de comunicación en las vidas de nuestros hijos, el enemigo está ocasionando una pérdida de inocencia por medio de la explosión de contenido sexual en televisión, películas y música.

En consecuencia, los niños están adquiriendo a temprana edad lo que solíamos considerar conocimiento adulto. La curiosidad natural que tienen los niños respecto de la sexualidad se ha convertido en un interés antinatural debido a la proliferación de cosas tales como pornografía por Internet. Estas herramientas de Satanás causan una pérdida de inocencia... pérdida que no se puede volver a recuperar por completo.

Un peligro particular de esta pérdida yace en la tendencia de equiparar la sexualidad con la culpa. El especialista en cultura cristiana George Barna señala: «Casi uno de cada diez adolescentes tuvieron relaciones sexuales antes de cumplir trece años, y esa cantidad aumenta a ritmo constante».[10] Poco asombra que Barna también observe: «Los regalos de la infancia que se han extinguido o que se extinguen rápidamente incluyen inocencia, cortesía, paciencia, gozo y confianza».[11]

Cuando el mundo confronta a nuestros chicos con información o imágenes sexuales, ellos experimentan culpa y vergüenza. A medida que continúa el proceso, se entumecen emocionalmente, pero la culpa sigue merodeando de modo constante en la superficie. Su sexualidad llega a estar tan saturada de culpa, que cuando se casan tal vez necesiten años para edificar una relación sana con sus cónyuges. Al robar a nuestros hijos su inocencia, el enemigo también ha robado algo igualmente precioso, algo que Dios quiso que resaltara la intimidad del hombre con la mujer y con Dios mismo.

Sí, hemos cambiado belleza por cenizas y salud por ataduras sexuales.

- ↝ AMIGOS CON BENEFICIOS: Vínculo caracterizado por la provisión de favores sexuales mutuos sin las complicaciones de una relación romántica.

- ↝ ATADURAS SEXUALES: Vínculos aun más impersonales que amigos con beneficios, caracterizados por la provisión de favores sexuales con poca, o ninguna, participación emocional.

Amigos con beneficios y *ataduras* son dos expresiones modernas que ilustran la pérdida de inocencia tan frecuente en nuestro mundo desde el cambio cultural. Caity y su amiga Kate, ambas de catorce años, viven esa pérdida.

Sus palabras insinúan dolor y culpa mientras Caity le cuenta al entrevistador que es virgen pero que a veces «liga».

Caity no clarifica qué quiere decir por «ligar». El término en sí es vago, y cubre todo desde besos hasta coito… aunque a veces es un eufemismo por sexo oral… [Kate ha] tenido un novio por un par de meses, pero ni siquiera se han besado aún.

[Puesto que] … el sexo oral es común en octavo o noveno grados, los «ligues» podrían saltarse por completo los besos, los aprietos de Kate dan la impresión en sus amigas, y aun en sí misma, de extraños. «Es algo retrasado —dice ella, ocultando la cabeza en el hombro de Caity—. Hasta mi madre cree que es raro».[12]

Nuestros chicos pagarán el precio por su pérdida de inocencia. Puesto que el péndulo de la madurez física y de la responsabilidad de adultos se distancian cada vez más, ellos tendrán que esperar más y más desde el momento de la pubertad hasta que tengan la oportunidad de casarse y comenzar la relación sexual que Dios quiere para ellos. Por ejemplo, si ellos empiezan a tener experiencias sexuales a los trece años, pero no se casan sino hasta los veintiséis, llevarán a su matrimonio trece años de culpa y vergüenza. Ese es un precio terrible que se paga por la pérdida de la inocencia.

En el próximo capítulo veremos las formas en que usted puede pactar con sus hijos para que ellos puedan controlar cada uno de estos cuatro campos críticos: lenguaje, posesiones, finanzas y sexualidad, a fin de restaurar el valor que Dios desea para cada uno. Si usted logra tender una base firme de creencias y valores correctos en todos los cuatro campos, tendrá una oportunidad mucho mejor de levantar un adulto cuya vida esté edificada para permanecer firme en medio de tormentas culturales.

⚜ Resumen de *Ritual de transición en la crianza de los hijos* ⚜

La confusión cultural es tan grande que hasta los chicos cuyos padres se esfuerzan por criarlos bien terminan tomando decisiones poco sabias. Los medios de comunicación y la tecnología han agregado muchas fuentes de valores (cosas que un individuo considera dignas) y creencias (pensamientos expresados como acciones) en las vidas de los muchachos. El incumplimiento de los padres en dar a sus hijos consecuencias lógicas los lleva con frecuencia a tomar malas decisiones basándose en creencias y valores erróneos. Además, muchos jóvenes adultos operan con un espíritu de ayuda social, creyendo que los padres les deben tiempo, dinero o posesiones.

Permitir que los chicos experimenten adecuadamente consecuencias lógicas les ayuda a distinguir entre lo valioso y lo no valioso en al menos cuatro campos: lenguaje, posesiones, finanzas y sexualidad. Las decisiones sabias en el campo de la sexualidad ayudan a evitar la pérdida de la inocencia. Sin el uso adecuado de consecuencias lógicas para determinar valores, los padres podrían estar tentados a reprender a sus hijos con la frase: «¿En qué estabas *pensando*?»

﹏

CAPÍTULO NUEVE

EXPERIENCIA ESENCIAL #3:
EDIFIQUE EL DISCERNIMIENTO
DE SUS HIJOS POR MEDIO
DE CONSECUENCIAS LÓGICAS

*Podemos enseñar a nuestros hijos a tomar decisiones
sabias usando adecuadamente las consecuencias lógicas
para levantar creencias y valores correctos en sus vidas.*

U n día en que Jeremiah estaba en séptimo grado llegó a casa con una triste historia.

—Papá —confesó—. Tengo un problema.

—¿De qué se trata, Jeremiah? —pregunté con verdadera preocupación de padre.

—La maestra de mi curso me puso una sanción, y debo quedarme castigado en la escuela.

Bueno, nunca me enojo cuando castigan a los muchachos. En lo que a mí respecta, un castigo representa consecuencias lógicas por algo que han hecho, así que siempre tiene sentido.

—¿Qué hiciste para que te castigaran, hijo?

—Bueno, estaba sacándole punta a un lápiz en la escuela. Lo estaba deslizando en mi mano. ¡Accidentalmente se me escapó y se clavó en el cielo raso!

Jeremiah siguió explicándome que mientras el lápiz colgaba allí en el cielo raso, vibrando, la maestra entró y lo vio.

—Por tanto, ahora como castigo debo quedarme mañana después de clases. Tienes que ir por mí.

Como de costumbre, yo tenía lista mi respuesta.

—Jeremiah, ¿no he cuidado de mi responsabilidad como padre? Nuestro pacto dice que todo lo que debo hacer es lograr que vayas a la escuela y vuelvas.

Como vivíamos fuera del distrito donde nuestros hijos asistían a la escuela, pagábamos quince dólares al mes por su transporte escolar.

—Ya hemos pagado por tu transporte de mañana —concluí.

Jeremiah también tenía su respuesta lista, solo que parecía más una pregunta.

—¿Y qué voy a hacer... papá?

—Bueno, puedes tratar de renegociar con la maestra. Quizás ella piense en una forma alterna de disciplina. Tal vez logres encontrar a ese amable conserje... tú sabes, el que en todas las películas se hace el amigo de los escolares. Quizás te traiga a casa.

Jeremiah no pareció demasiado impresionado con ninguna de mis sugerencias.

—Veamos. Tal vez podrías caminar a casa. Solo son cinco kilómetros, y tendrías que cruzar una autopista importante. O... podrías llamar un taxi. Aquí, buscaré el número por ti.

Hojeé en las Páginas Amarillas, escribí el número, y le pasé la nota a mi hijo, confiando en que él apreciaría mi espíritu de colaboración.

Cuando Jeremiah salió para la escuela la mañana siguiente, Cathy y yo no teníamos idea de cómo llegaría a casa. Me imaginé a mi esposa subiéndose a su Buick, manejando hasta la escuela, y siguiéndolo a un metro de distancia todo el camino a casa. Decidí llegar temprano del trabajo a casa ese día... solo para asegurarme que Jeremiah pudiera sacar todo el beneficio de la consecuencia lógica ante él.

Las tres de la tarde, hora normal para que Jeremiah regresara de la escuela, llegó y se fue, y Cathy (exactamente como María cuando Jesús se quedó en Jerusalén) comenzó a preocuparse. Luego las 3:30, 4:00, 4:15, 4:30... finalmente, a las 4:45, llegó a la entrada un taxi amarillo y negro.

Cathy y yo mirábamos a hurtadillas por detrás de la cortina, vimos cuando Jeremiah bajaba del taxi, sacaba su pequeña billetera marrón de vaquero, la abría, y pagaba al conductor. Corrí a mi silla y recogí el periódico, tratando de parecer indiferente. Un instante después nuestro hijo estaba dentro de la casa.

—¿Cómo estuvo hoy la escuela, Jeremiah? —le pregunté alegremente.

Él me miró.

—¡Cinco dólares con diez centavos!

Como seis meses después Caleb llegó de la escuela y dijo las mismas palabras que parecían conocidas:

—Papá, mañana tengo que quedarme castigado.

Aunque no hubiera sabido algo mejor que preguntar la razón de *su* castigo, no tuve la oportunidad de hablar del asunto. Caleb estaba preparado, al haber presenciado las consecuencias lógicas que su hermano mayor había experimentado.

—Papá, ¿te puedo contratar para que vayas por mí mañana a la escuela?

—Bueno, no sé. ¿Cuánto crees que deberías pagarme?

—Cinco dólares con diez centavos —me contestó, fue a su cuarto, agarró la billetera, y me pasó el dinero.

La tarde siguiente fui a la escuela, recogí a Caleb, y lo llevé a casa. Él no solo entendió las consecuencias lógicas, sino que las utilizó para negociar.

Pague ahora, o más tarde

Tanto Jeremiah como Caleb habían experimentado consecuencias lógicas. Yo ya había pagado el valor de su transporte de ida y vuelta a la escuela, así que cuando hicieron algo que les impedía abordar el autobús a casa debieron experimentar las consecuencias lógicas, cada uno en su propio estilo único.

Donde no hay consecuencias lógicas, no hay valores. Prefiero que mis hijos experimenten las consecuencias lógicas de un castigo y el costo de un viaje de la escuela a casa, que un negocio fallido o un matrimonio destrozado. Cuando los padres siguen la norma cultural de proteger a sus hijos de las consecuencias lógicas, sin darse cuenta los están llevando a que experimenten otras más severas en la vida.

Padres, ustedes no pueden criar hijos sin pagar un precio. O pagan el precio de tender sólidos fundamentos, y de poner buenos materiales de construcción, temprano en sus vidas por medio de consecuencias lógicas, o pasan el resto de sus días tratando de componerles la vida. ¿Prefieren ser constructores o unos «arréglalo-todo» siempre a la mano?

Cuando dicto conferencias se me acercan padres que me preguntan: «¿Dónde estaba usted mientras yo criaba a mis hijos? He pasado toda la vida tratando de arreglar no solo a mis hijos sino también a mis nietos. Nuestra cultura estaba cambiando, y no nos dimos cuenta».

Nuestra sociedad de horno de microondas prefiere que las cosas se hagan rápidamente, no a conciencia. Queremos sustituir conveniencia por sanos principios de crianza de hijos. Aunque sus hijos sean mayores, no es demasiado tarde para volver a poner consecuencias lógicas en sus vidas y comenzar a edificar. Usted puede pagar el precio ahora o más tarde... ¡pero no querrá pasarse toda la vida solucionándolo, hermano!

CONTRATOS DE CONSECUENCIAS LÓGICAS

Para transmitir de modo adecuado consecuencias lógicas a sus hijos, usted debe desarrollar contratos escritos para ayudarles a entender los valores que desea enseñarles. La Biblia es el contrato o pacto de Dios con nosotros; es más, la palabra *testamento* significa pacto. Tenemos un pacto antiguo (Antiguo Testamento) y un pacto nuevo (Nuevo Testamento). El Señor usa su pacto para comunicar sus valores.

En la Biblia, Dios explica muy claramente las cosas: *si* usted no hace esto, le sucederá *esto*. El Señor siempre se comunicó claramente desde el mismo principio. ¿Recuerda? «El día que de él [el árbol] comieres, ciertamente morirás» (Génesis 2.17). Ellos comieron... y murieron, primero espiritual, y luego físicamente. Cuando hacemos un contrato con nuestros hijos les estamos dando un registro escrito de nuestros valores.

En cada *contrato de consecuencias lógicas* usted deberá identificar un valor correcto que quiera enseñar, o creencias correctas que desee inculcar. Luego enumerará algunas cosas que sus hijos harán. Desde luego, debe incluir las consecuencias lógicas por no cumplir el contrato. A medida que sus hijos crecen, usted puede renegociar esas consecuencias, pero mientras sean pequeños determínelas claramente sin el aporte de ellos.

Recomiendo que usted solo trabaje en *un* contrato de consecuencias lógicas a la vez. Redáctelo, fírmelo, y haga que sus hijos lo firmen. Luego colóquelo en el más sagrado centro de mensajes familiares: la puerta de la refrigeradora.

Los contratos de consecuencias lógicas ayudan a los padres y los hijos porque quitan la emoción de la instrucción de valores. La mayor parte del tiempo tomamos tales decisiones sin pensarlo, a menudo cuando estamos afectados emocionalmente: «¡Limpia tu cuarto! ¡Ahora!»

Suelo decir a las personas que siempre me siento mejor cuando doy palmaditas a mis hijos... pero ese en realidad no es el punto. ¿Sabe? No estoy seguro de haberles enseñado cada vez que les doy palmaditas. Al usar un contrato usted determina las consecuencias lógicas. Decida lo que decida hacer el niño con relación al valor, no hay discusión: usted ya firmó el contrato, así que ahora puede señalarlo y decir: «Hiciste esto... por tanto, esto es lo que ocurre».

Examinemos algunas consecuencias lógicas que van con los cuatro campos de valores analizados en el capítulo anterior: lenguaje, posesiones, finanzas y sexualidad.

⤚ CONTRATO DE CONSECUENCIAS LÓGICAS: Documento escrito que equipara una acción (o acciones) con creencias o valores correctos, y especifica sus consecuencias previsibles.

CONTRATO DE LENGUAJE:
PROYECTO DE BUENAS Y MALAS PALABRAS

¿Recuerda usted a Jeremiah de pie frente a la abuela Moore, poniendo a prueba la nueva palabra que había aprendido en el kindergarten ese día? Esa palabra se convertiría en el punto de inicio de lo que llamamos *Proyecto de Buenas y Malas Palabras*, y del sistema de contratos que nos ha servido a través de los años.

Antes de haber implementado el contrato, si uno de los niños hubiera dicho una *mala* palabra, yo le habría dado unas palmadas en la nalga, le habría lavado la boca con jabón, y lo habría castigado. Pude haber pensado: *Eso le enseñará.*

Correcto, le habría enseñado. Le habría enseñado a no dejarse agarrar diciendo la palabra frente a papá o mamá. En vez de eso, Jeremiah y yo nos juntamos y creamos el Proyecto de Buenas y Malas Palabras. Le dije a Jeremiah que cuando Dios creó el mundo dijo que todo era bueno. Satanás agarra lo que es bueno y trata de hacerlo malo. El enemigo ha hecho lo mismo con las palabras. Toda mala palabra viene de algo bueno. El contrato que hicimos con Jeremiah fue que él no usaría ninguna de las nuevas palabras que aprendía en la escuela hasta que llegara a casa y las analizáramos juntos en nuestro tiempo familiar nocturno. Hicimos un cuadro en un tablero; solo dos columnas tituladas *Buenas Palabras* y *Malas Palabras* con una línea en el medio.

Cuando Jeremiah nos decía una mala palabra que había aprendido, hablábamos juntos acerca de su significado. Yo dejaba que Jeremiah, y después Caleb, decidieran si la palabra pertenecía al lado *bueno* o *malo* del cuadro, dependiendo de su significado y su uso. Aunque no lo supe en ese tiempo, estas discusiones allanaron el camino para las charlas que debíamos tener más tarde acerca del desarrollo físico y la pureza sexual. Yo no temía mencionar a mis hijos estas palabras o estos temas, pues habíamos comenzado a discutirlas en kindergarten.

El Proyecto de Buenas y Malas Palabras tuvo un poderoso impacto en las vidas de mis hijos. Sin embargo, cuando lo inicié no comprendí que Jeremiah aplicaría una vez más la transferencia de aprendizaje. Tomó lo que había aprendido respecto del lenguaje y lo extendió a través de muchos otros campos en su vida. Comenzó a asignar valores, buenos o malos, a toda actividad y experiencia que enfrentaba mientras pasaba por la escuela primaria. Él entendió lo que muchos adultos no captan: las palabras y las acciones tienen valor, y se pueden identificar como buenas o malas, valiosas o no valiosas.

Contrato de posesiones: ¡Limpia tu cuarto!

¿Cuántas veces le ha dicho usted a su hijo: «¡Limpia tu cuarto!», y volvió para encontrarlo apenas un poco mejor? Imagino que usted también ha confrontado a su hijo con sagaces declaraciones paternales como «¡Te dije que limpiaras tu cuarto!», y él contesta: «Eso hice».

Cuando usted le dice a un niño que limpie su cuarto se lo dice desde la perspectiva de sus treinta y cinco, cuarenta y cuatro, o sean los que sean sus muchos años de experiencia vivida en limpiar cuartos. No obstante, su hijo oye sus instrucciones desde la perspectiva de sus pocos años de experiencia. Como él limpió un sendero desde la puerta hasta la cama o el clóset, sinceramente cree que el cuarto está limpio. El hecho de que usted no esté de acuerdo, según el educador Stephen Glenn, es atribuible a un *adultismo*, algo que «ocurre cada vez que un adulto olvida cómo es ser un niño y luego lo espera, lo demanda y lo requiere del niño, quien nunca ha sido adulto para pensar, actuar, entender, ver y hacer cosas como un adulto».[1]

> ➤ ADULTISMO: Algo que «ocurre cada vez que un adulto olvida cómo es ser un niño y luego lo espera, lo demanda y lo requiere del niño, quien nunca ha sido adulto para pensar, actuar, entender, ver y hacer cosas como un adulto».

Pactar consecuencias lógicas obliga a sacar tiempo para clarificar los objetivos que se tienen para el hijo, y ayuda gradualmente a incrementarle el nivel de destreza. A medida que usted cimiente en su hijo destrezas adecuadas para su edad, él podrá equiparar los objetivos que ha establecido. Usted puede usar el pacto de consecuencias lógicas para especificar exactamente qué tareas desea que se realicen (todos los juguetes recogidos y puestos en sus lugares apropiados, la ropa doblada y guardada, el cuarto desempolvado, la basura sacada, etc.) y cuán a menudo quiere que se complete cada una (a diario, dos veces al día, semanalmente, etc.).

Ya puedo oírle expresar: «Entiendo el contrato, Walker. Pero ¿cómo hago que mi hijo limpie su cuarto?» Aquí es donde el asunto se vuelve interesante.

Recuerde que cuando un niño deja sus pertenencias tiradas por todas partes las está considerando poco valiosas (es decir, no vale la pena recogerlas del piso). Les explicamos esto a nuestros hijos, y les dijimos que Tulsa tenía un almacén muy especial que agarraría estos artículos no valiosos y los volvería a hacer valiosos.

—¿De veras, papá? ¿Qué clase de almacén es ese? —preguntó Caleb.

Jeremiah, sabio a los caminos de su padre, esperó silenciosamente. —Se llama Goodwill. Las personas determinan allí exactamente cuán valiosos son tus artículos no valiosos, les ponen una etiqueta de precio, y se los venden a alguien que cree que son valiosos.

No hicimos eso ese primer día, y no lo hicimos cada vez. Sin embargo, no mucho después de hacer nuestro primer contrato de consecuencias lógicas para las posesiones, Cathy y yo condujimos hasta Goodwill con dos niñitos infelices en la parte trasera del auto.

—Papá, no irás a regalarles de veras nuestro Nintendo, ¿verdad?

—Papá, ¿y qué de mi camiseta MU? ¡Me la regaló el tío Gary!

—Muchachos, estaba en el contrato... ¿recuerdan? Ustedes mantienen adecuadamente su ropa y sus juguetes, y yo no llevaré nada al Goodwill. Si no... bueno, mejor empiezan a ahorrar su dinero para volver a comprar sus cosas.

Caleb y Jeremiah aprendieron mucho por medio del contrato de limpiar el cuarto. Aunque finalmente encontraron sustitutos en ventas de garaje para algunos de los artículos que habíamos llevado a Goodwill, nunca pudieron reemplazar por completo lo que habían perdido. Este contrato de consecuencias lógicas les ayudó a entender la diferencia entre posesiones valiosas y no valiosas. También comenzaron a mantener limpios sus cuartos... al menos más de la mitad del tiempo.

Más o menos una vez al año es necesario revisar contratos como el de posesiones a medida que sus hijos crecen y maduran. Usted debe sacar tiempo para clarificar los cambiantes objetivos que tiene, y equipararlos a un nivel de habilidades adecuado a las edades de ellos. Ya se lo imaginó: cumplir este tipo de contrato proyecta tareas simuladas en las vidas de los chicos, preparándolos para la edad adulta capaz, responsable e independiente.

Contrato de finanzas: Jeans de marca

Un día, cuando Caleb y Jeremiah tenían aproximadamente siete y diez años de edad, se me acercaron emocionados por la última tendencia de moda.

—Papá, ¡todos los muchachos en la escuela usan esos jeans de marca que están en la onda! ¿Podemos tener unos?

Yo no lo podía creer. Mis hijos ya estaban preocupados por estar en la onda.

—¿Qué hace tan fabulosos a esos jeans de marca?

—Papá, ¡tienen *rotos*!

Este concepto no tenía ningún sentido para mí, al haberme criado en la zona rural de Missouri. Siempre creí que se debían comprar nuevos jeans porque los *viejos* tenían rotos. De pronto, mis hijos trataban de convencerme de que les comprara nuevos jeans con… rotos. El costo de «estar en la onda», en este caso, resultaba ser cincuenta dólares el par.

Decidí que esta era una buena oportunidad para enseñar a mis hijos el valor de las finanzas. Pasé algún tiempo investigando y ocupándome en un contrato de consecuencias lógicas.

—Chicos, sé que ustedes quieren los jeans de marca. Mamá y yo hablamos al respecto, y decidimos que es responsabilidad nuestra proporcionarles tres pares de jeans para el año escolar. Ahora, en la tienda por departamentos de la ciudad descubrí algunos jeans de buena calidad con tejido resistente y fuertes costuras por diecinueve dólares el par. Esto es lo que haremos: yo les daré los cincuenta y siete dólares que cuestan los tres pares de esos jeans para el uso diario. Ustedes pueden comprar un par de jeans de marca por cincuenta dólares y usar ese par todos los días escolares este año, o pueden comprar tres pares de los otros jeans. De este modo pueden rotarlos y hacer que duren. Es más, les propongo un trato. Puedo hacerles rotos a los jeans sencillos… y si ustedes quieren, los pueden llamar *Walker's*.

Yo sonreía mientras presentaba a los muchachos el último contrato de consecuencias lógicas.

Ni Jeremiah ni Caleb me devolvieron la sonrisa, pero firmaron el contrato, agarraron el dinero, y se fueron a la tienda con su madre. Ya antes habíamos usado el concepto de un contrato de finanzas por artículos de vestir, pero esta era la primera vez que ellos se interesaban tanto en la moda. Sentí verdadera curiosidad por la decisión que podrían tomar.

Al final los dos muchachos escogieron con sabiduría. Cada uno llegó a casa con tres pares de los jeans más básicos, y no tuve que romperlos. Ellos comprendieron las consecuencias lógicas: si compraban los jeans de marca habrían tenido que usar el mismo par en la escuela día tras día. Comprar los jeans menos costosos les daba más ropa que les duraría todo el año. Es más, si hubieran encontrado jeans que costaran *menos* de la cantidad presupuestada se habrían quedado con el dinero sobrante. De ese modo, si encontraban gangas terminaban con dinero extra para ellos mismos.

Puesto que los chicos seguían creciendo y necesitando nueva ropa, como suelen hacer los muchachos, nuestra familia usó contratos de consecuencias lógicas como este en cada estación. Cathy y yo decidíamos cuándo necesitaban nuevos abrigos o zapatos, y cuánto preveíamos para cada artículo. Los chicos tomaban el dinero total y se irían de compras. Fácilmente lograban ver las consecuencias lógicas: si escogían una camisa o pantalones de marca que les quitarían gran cantidad de su dinero asignado, se habrían quedado sin algunos otros artículos de vestir, o se habrían tenido que meter en algo del año anterior que les quedaría chico.

Estos contratos de consecuencias lógicas enseñaron a nuestros hijos el valor de los recursos financieros. Ellos tuvieron la oportunidad de tomar decisiones sabias acerca de sus compras, en vez de decisiones impulsivas basadas en la emoción del momento. Nuestros muchachos aprendían en el proceso a determinar el valor de las finanzas. Cathy y yo creímos que eso era estupendo.

CONTRATO DE SEXUALIDAD: AL DÍA

La periodista Betsy Hart, como señalé antes, ha observado un problema con la cultura de criar hijos en nuestro país. Ella menciona los síntomas al discutir la libertad que damos a nuestros hijos:

Los expertos han animado a los padres a dar a sus pequeños libertad y alternativas en toda oportunidad imaginable, o a hacerles creer que les están dando una alternativa cuando no es así. Sin embargo, es obvio que los niños no aprenden a manejar la libertad; aprenden poco más que aquello a lo que se les induce.

Enfóquese en los años de adolescencia, en que muchos padres comprenden finalmente que el mundo no es solo un lugar peligroso sino que los hijos pueden ser un peligro para sí mismos. A menudo los padres se dejan llevar por el pánico y quieren empezar a restringir a su adolescente. Los padres podrían intentar [poner límites en la conducta] desde ropa hasta amistades, toques de queda o actividades.

Pero para entonces el chico suele estar en condiciones de tomar sus propias decisiones, llega a ver esto como su «derecho», y por consiguiente las restricciones son a menudo una batalla perdida.[2]

El *Ritual de transición en la crianza de los hijos* proporciona una salida a este dilema. Los padres y los hijos que usan adecuadamente las consecuencias lógicas para inculcar creencias y valores correctos en los chicos crean el marco para discusiones abiertas acerca de algunos de los peligros que enfrentan hoy día los adolescentes. Es más, para cuando sus hijos lleguen a la edad en que quieren tener citas amorosas, usted debe *redactarles* el contrato de consecuencias lógicas.

Eso es lo que hicimos Cathy y yo. ¿Por qué lo hicimos? Antes que nada, Cathy y yo comprendimos los peligros de perder la inocencia. También sabíamos que, para esta época en particular, no podríamos tomar las decisiones de nuestros hijos por ellos. Ellos tendrían que tomar sus propias decisiones respecto de rendir su sexualidad a la Palabra y la voluntad de Dios. Como nos habíamos esforzado por inculcar creencias y valores adecuados en sus vidas a través de consecuencias lógicas, sabíamos que ellos también tenían las habilidades para escoger sabiamente en este importante aspecto.

Padres: la sexualidad de su hijo no es algo que se deba pasar por alto ni subcontratar a la escuela o la iglesia. Recuerden que el péndulo de madurez física está oscilando cada vez más temprano, mientras el de la responsabilidad de adulto está oscilando cada vez más tarde. Es necesario encontrar maneras de ayudar a sus hijos a tratar con sus hormonas de adulto y sus sentimientos sexuales. Si no pagan ahora, ustedes y sus hijos pagarán más tarde. Los costos, en el campo de la sexualidad, pueden ser especialmente dolorosos.

Como ya habíamos discutido términos y condiciones con nuestros hijos por medio del Proyecto de Buenas y Malas Palabras, no tuvimos que tener «la charla» a la que todos los padres tienen terror. Nuestros hijos se criaron aprendiendo de su sexualidad en el mismo ambiente seguro de nuestro hogar con las personas en que más confiábamos para transmitirles creencias y valores correctos: nosotros mismos. Los adolescentes que tienen creencias erróneas, inculcadas aun sobre valores correctos, creen a menudo que toda actividad sexual sin coito constituye conducta correcta. Enseñamos a nuestros hijos que la sexualidad cubre mucho más que el coito. Puesto que los varones se excitan con la vista, solo *mirar* una muchacha puede ser una experiencia sexual.

Después nuestra familia desarrolló un cuadro para la actividad sexual, y analizamos cada paso con nuestros hijos. Una vez entendido este cuadro, cada uno estuvo listo para escribir su propio contrato de sexualidad.

Les digo a los estudiantes que el momento más seguro para poner un límite definitivo en la conducta sexual es antes de besarse. Eso no es lo que desean oír… pero repito, a Dios le preocupa profundamente que nos protejamos contra la pérdida de la inocencia. En el campo de la sexualidad, los adolescentes pagarán un enorme precio por conducta errónea, o conseguirán increíbles recompensas por conducta correcta. Cuando pasan de agarrarse las manos experimentan una pérdida de inocencia un paso a la vez.

ASIGNACIÓN DE VALORES A LA SEXUALIDAD

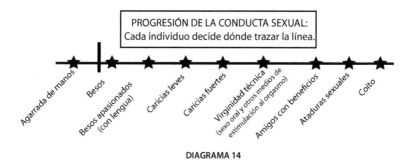

DIAGRAMA 14

El contrato de sexualidad incluyó mucho más que solo información sexual. Pedimos a nuestros hijos que consideren cuándo, con quién y cómo deberían salir. Les enseñamos que las citas románticas significaban empezar el proceso de encontrar la persona que Dios quería para ellos. Por tanto, resaltamos el valor de salir solo con creyentes, y no les permitimos salir antes de cumplir dieciséis años. Hay estudios que muestran que mientras más temprano salgan los chicos con alguien, más probabilidad hay de que se involucren sexualmente.[3]

Cuando nuestros hijos estaban preparados para empezar a salir sabían con quién hacerlo, y dónde debían trazar la línea sobre conducta sexual. Es más, Jeremiah acudió a mí cuando tenía catorce años, diciendo que había tomado una decisión.

—¿Qué decisión, hijo? —le pregunté.

—Me voy a mantener puro hasta el matrimonio.

Esa fue una decisión que yo no podía tomar por Jeremiah, y, desde luego, me agradó mucho. Él no salió con nadie mientras estaba en el colegio (a no ser para su fiesta de fin de año), debido a este compromiso hecho durante su primer año.

El uso apropiado de consecuencias lógicas, basado en creencias y valores correctos, ha ayudado a muchos jóvenes a tomar las decisiones que les permiten disfrutar una vida de citas románticas sanas. Los estudiantes que no tienen un plan determinado que les permita poner límites de antemano, tienen dificultades para fijar esos límites por completo. Los padres que brindan ritual de transición saben que a la larga no pueden establecer las pautas para la conducta sexual de sus hijos o hijas. En vez de eso, estos padres dan guías a fin de que los hijos se preparen para tomar sus propias decisiones responsables, fijar sus propias directrices, y disfrutar relaciones sanas y libres de culpa.

La historia de Caleb

Para cada verdad que Dios me ha mostrado, él me prueba. Yo nunca habría previsto que el desafío más grande a mi enseñanza llegaría de las decisiones de mi hijo menor. Al final de su adolescencia y principios de sus veinte, Caleb decidió tantear el terreno y rechazar los valores y las creencias de sus padres. Se salió de nuestra autoridad y empezó un viaje completamente por su cuenta.

En cierta ocasión recibí a las tres de la mañana una llamada del Departamento de Policía de Tulsa. Todo el mundo detesta esas llamadas a esa hora, al no saber quién es o qué problema podría haber.

—Aló —dije al levantar el auricular.

—¿Señor Moore? Tenemos a su hijo Caleb. Él participó en una persecución a alta velocidad, y trató de escapar al departamento de policía. Finalmente lo agarramos y lo obligamos a estacionarse. Estamos como a tres cuadras de su casa, y tenemos esposado al muchacho. Señor Moore, su hijo nos está diciendo: «Llamen a papá. Él es capellán de la policía».

Cuando sucedió esto yo *estaba* sirviendo como capellán del Departamento de Policía de Tulsa, y pasaba muchas horas y largas noches trabajando con suicidios y otras crisis.

—¿Puede usted venir y hablar con nosotros?

Me puse la ropa, incluyendo mi chaqueta policial, y caminé las pocas cuadras hasta donde tenían a Caleb: borracho, esposado y tendido sobre el baúl de la patrulla.

Uno de los policías me reconoció.

—Capellán Moore, usted nos ha ayudado mucho, pero debemos decidir qué hacer con su hijo —comentó.

Después el policía repitió la historia de la persecución.

—Ya que usted es capellán —concluyó—, si lo desea, podemos dejarlo ir… usted puede hablar con él, quizás le ayude.

—¿Qué se *supone* que ustedes deban hacer? —pregunté tranquilamente.

—Se supone que lo arrestemos y lo llevemos preso.

Entonces pronuncié algunas de las más duras palabras que he tenido que decir en mi vida:

—Llévenselo a la cárcel.

Cuando Caleb me oyó se retorció y se levantó de la parte trasera de la patrulla. Me miró de frente, con los ojos azules cegados por la ira y el alcohol.

—Te odio, papá —pronunció estas tres palabras.

El policía se llevó a Caleb a la cárcel, y yo me dirigí a casa tan triste y solitario como nunca había estado. Mi hijo había tomado una decisión, y por mucho que me doliera, yo sabía que debía experimentar las consecuencias de sus acciones. Donde no hay consecuencias no hay valores.

En ese momento yo había estado enseñando *Ritual de transición en la crianza de los hijos* por veinticinco años. Yo sabía que todo lo que había vivido y enseñado se estaba poniendo a prueba allí en esa celda.

En caso de que usted no lo haya notado, Caleb es muy parecido a mí. Pase lo que pase, él siempre tiene una historia. Estas son sus palabras:

La hermana de uno de mis más íntimos amigos me llamó bien entrada la noche. Llorando me pidió que pasara por él. Ellos habían discutido, y él se había puesto violento… En ese momento no tenía sentido que tratara de resolver el conflicto, así que sencillamente lo convencí de que viniera a mi casa y se quedara hasta que las cosas se calmaran. Decidí detenerme y conseguir una jaba de cerveza antes de dirigirme al estacionamiento de una antigua escuela localizada solo a pocas cuadras de mi casa.

Cuando compré las cervezas tuve que usar mi pasaporte como prueba de mi edad. Unos meses antes había perdido mi licencia cuando me condenaron por manejar borracho. Aunque estaba en libertad condicional, seguí bebiendo y tonteando con drogas. Algunos de mis amigos creían que yo era adicto… En realidad solo seguía usándolas para poder continuar en negación respecto de todos los problemas de mi vida.

Estacioné el auto. Mi amigo y yo nos sentamos en la acera, bebiendo y discutiendo lo que había ocurrido. Nuestra seria conversación se convirtió en risotadas a medida que transcurría la noche. Aún nos quedaban algunas cervezas, pero mi paquete de cigarrillos estaba vacío, así que decidimos volver a la estación de gasolina. Estaba a solo unos meses de poder volver a conducir legalmente… pero decidí arriesgarlos. Yo sabía qué calles tomar donde hubiera poco, o ningún, tráfico.

Compré mis cigarrillos y cervezas extra. Beber tiende a exagerar mi tendencia a lucirme, así que puse el auto en primera y saqué el pie del embrague mientras aceleraba a fondo. Mi pequeño Honda salió patinando del estacionamiento y volvió a entrar a nuestro vecindario.

Lo que yo no sabía era que un par de patrullas estaban estacionadas al frente. Los policías no nos habrían mirado de no haber sido por la manera en que salí del estacionamiento. Sospechando que yo había robado la tienda nocturna, encendieron las luces y se fueron tras nosotros.

Cuando vi esas luces giré rápidamente en una esquina para que mi amigo botara el paquete abierto de cervezas que tenía en las rodillas. Las luces rojas y azules brillaban en la oscuridad del apacible barrio. Cuando finalmente me detuve, la policía enfocó un reflector en mi espejo retrovisor, dificultándome la visión. Seguí sus instrucciones de salir del auto y lentamente caminé hacia uno de los policías. Él me preguntó si yo había robado algo, y le dije la verdad: que no. Sin embargo, no tardó mucho tiempo en notar que yo había consumido unos tragos. Después de investigar mi licencia en su computadora me recordó que no solo no se me permitía conducir, sino que había violado el compromiso hecho con el juez acerca de no consumir bebidas alcohólicas.

Hice lo que pude para intentar salir del embrollo. Expliqué la situación con mi amigo, y le dije al policía que justamente yo intentaba hacer lo correcto. El policía oía estas historias todo el tiempo, así que entendí por completo su falta de comprensión. Una cosa que *sí* les llamó la atención fue cuando les dije que mi padre era capellán de la policía y que vivía cerca.

Ellos me pidieron el número telefónico, y uno de los policías se fue donde no lo pudieran oír para hablar con mi papá. Eran casi las tres de la mañana mientras yo esperaba ver la conocida figura de mi padre. Yo estaba seguro de que él vendría a rescatarme. En solo unos minutos apareció. Usaba su chaqueta policial y parecía cansado pero con autoridad.

Uno de los policías nos observaba a mi amigo y a mí mientras su compañero se acercaba a papá. Empezaron a analizar la situación, y yo contaba los segundos hasta poderme ir. No tenía duda de que papá los convencería de liberarme bajo el cuidado de él. Yo prometería no volverlo a hacer, y ese sería el final del asunto. Yo estaría libre.

Sin embargo, mientras me encontraba en la parte posterior de la patrulla, dándole a mi padre mi mejor mirada de «Ayúdame papá, por favor», lo vi pronunciar estas terribles palabras: «Llévenselo a la cárcel».

Los policías le habían dado a escoger a papá, y él lo hizo. Su rostro redondo, estresado y agotado, se volvió hacia el suelo mientras ellos nos metían ceremoniosamente en la parte trasera de la patrulla. El frío metal de las esposas apretaba más y más hasta que el acero se me incrustó en la piel. No puse atención a eso. Al contrario, yo miraba directo a mi padre. El hombre que supuse que me rescataría, que *pudo* haberme rescatado, acababa de tomar la decisión de enviar a su hijo menor a la Correccional David L. Moss.

Sé que mis ojos lo decían todo. Pero solo en caso de que él no captara el mensaje, masculé entre dientes: «Te odio, papá».

Mi amigo tenía suficiente dinero para pagar su fianza esa noche, pero yo debí esperar un poco más. Al ser esta mi segunda infracción estaba en más problemas que él. Ahora al mirar hacia atrás, pasé la parte fácil. Ir a la cárcel no es tan difícil del todo. Solo hay que poner cara de no darle importancia al asunto. Empiezas a conversar con los que te rodean acerca de cómo todo está echado a perder. Repito, eso fue fácil.

Mis padres tuvieron la parte difícil. No puedo imaginar cómo se sintió mi madre la primera vez que me vio en la cárcel. Como si haber dado a luz no hubiera sido suficientemente difícil, debió hablar a su bebecito a través de gruesas paredes de vidrio o por los teléfonos mientras yo trataba de consolarla. «No es culpa tuya, mamá». Ninguna buena madre debería tener que hacer eso... y mamá es la mejor.

Luego estuvo papá... el hombre que tomó la decisión de dejarme, con las manos atadas a la espalda. Él comprendía que esto significaría mucho más que un tiempo pasado en una celda. Habría honorarios de abogado, idas a la corte, y servicio comunitario con lo cual tratar por mucho tiempo. Él sabía todo esto por anticipado, y aun así tomó la decisión que tomó. ¿Por qué? Porque me amaba, y esa clase de amor nunca es fácil.

El verdadero amor no siempre paga la fianza de otra persona. A veces el verdadero amor se hace a un lado para que el ser amado pueda experimentar el efecto total de sus acciones. El verdadero amor no solo permite que un hijo vaya a la cárcel sino que también se despierta temprano en la mañana para llevarlo a su servicio comunitario en los días en que no pasa el autobús.

Papá estuvo conmigo casi en todas mis sesiones. A menos que él estuviera fuera de la ciudad, mamá se quedaba en casa...

exactamente donde pertenecía. Después de todo, ninguna buena madre pertenece a una sesión en el juzgado. Ninguna buena madre debería tener que ver a su hijo metido allí de pie en la multitud de personas, todas esperando negociar con el juez. Sin embargo, yo estaba contento de que nunca fui solo a una de mis sesiones. A mi lado siempre estaban papá o mamá.

Por un momento odié a mi padre por lo que hizo, y lo expresé muy libremente en esa ocasión. Sin embargo, ahora que he crecido en el Señor oro porque un día ame a mis propios hijos como papá y mamá me aman. Fue difícil para papá tomar la decisión que tomó. Si yo hubiera ido a casa esa primera noche podría aún seguir siendo el niño tonto, tomando malas decisiones y destruyendo a mi familia y a mí mismo.[4]

Hay ocasiones en que permitir que su hijo experimente consecuencias lógicas duele más que cualquier cosa que usted se pueda imaginar. Esa noche bajo las luces de la calle tuve un atisbo de cómo se sintió Dios cuando sus hijos le dieron la espalda y, desnudos y avergonzados, abandonaron el huerto del Edén. En la próxima sección hablaré de la llave que empezó a abrir el corazón de Caleb. Entonces usted conocerá el resto de la historia.

⚜ Resumen de *Ritual de transición en la crianza de los hijos* ⚜

Donde no hay consecuencias lógicas, no hay valores.

Podemos enseñar a nuestros hijos a tomar decisiones sabias al añadir consecuencias lógicas a sus vidas por medio del desarrollo de contratos escritos. Estos explican en detalle las consecuencias lógicas para una actividad particular correspondiente a un valor correcto y una creencia correcta.

El Proyecto de Buenas y Malas Palabras brinda una manera de hacer contrato de lenguaje al asignar un valor a cada palabra.

El contrato de posesiones ayuda a los chicos a determinar si sus posesiones son valiosas o no, y también les enseña a mantener limpios sus cuartos.

El contrato de finanzas ayuda a los muchachos a determinar el valor de las finanzas al estipular exactamente cómo gastar una cantidad presupuestada para un aspecto particular de necesidad.

El contrato de sexualidad, desarrollado por los mismos adultos emergentes, les permite tomar decisiones sabias acerca de su propia conducta sexual.

A veces es muy difícil aplicar consecuencias lógicas, pero siempre es adecuado.

~

DEPÓSITOS
de GRACIA

~

CAPÍTULO DIEZ

LO QUE SE HA PASADO POR ALTO: LOS CHICOS NECESITAN DEPÓSITOS DE GRACIA

El cambio cultural ha dejado a nuestros hijos escasos en «depósitos de gracia»: afirmaciones o acciones que comunican un valor intrínseco del individuo en una forma que este encuentra significativa.

Miremos el mundo de nuestro viejo amigo John-Boy. ¿Quién vive en la granja Walton? Por supuesto, John y Olivia Walton, su activa prole, y los padres de John, el abuelo y la abuela Walton.

Me gusta decir a los padres que se necesitan dos cosas para criar un hijo: ley y gracia. Es más, se necesita 49% de ley y 51% de gracia para completar el trabajo. Más tarde analizaremos esos porcentajes.

- ❖ LEY: Afirmaciones o acciones que amortiguan el sentido de autoestima en un niño.
- ❖ GRACIA: Afirmaciones o acciones que ayudan a levantar el sentido de autoestima en un niño.

Recuerdo un episodio de *Los Walton* en que John-Boy está sentado en el porche del frente, llorando y angustiado. La puerta mosquitera se abrió, sus bisagras chirriaron mientras Abuelo atravesaba el umbral e ingresaba al porche. Se sentó al lado de John-Boy y abrazó a su nieto. Sus ásperas palabras se llenaron de amor mientras le recordaba a John-Boy su importancia, y cómo apreciaba que fuera su nieto. Al poco tiempo se disiparon los sollozos de John-Boy, y los dos rieron por una de las cómicas historias del abuelo.

La familia Walton pinta una vez más una imagen perfecta de lo que ha cambiado en nuestra cultura, dejando una enorme brecha. En una sociedad agrícola, no solamente los abuelos y las abuelas vivían cerca sino también tíos, tías y otros miembros de familias extendidas. Papá y mamá tienen en cada generación la función de representar la ley. Decimos a nuestros hijos que se sienten erguidos, que consuman su comida, que hagan sus deberes escolares, y que se acuesten a tiempo. El lado de *ley* en la crianza de los hijos es parte de la manera en que inculcamos en nuestros hijos adecuados valores y creencias. Los padres que brindan ritual de transición saben la importancia de esto.

Los abuelos tienen una función diferente dentro de la familia. Su labor principal es inculcar autoestima en sus nietos. Fui bendecido por tener abuelos que hicieron esto. Cada vez que los miraba a los ojos me veía como alguien con potencial. Ellos sabían que yo iba a llegar a ser alguien. Lo creían, lo decían, y lo afirmaron en mi vida.

Nuestra cultura cambió en un tiempo relativamente corto de tal modo, que crecientes cantidades de familias se han alejado de las personas que inculcaban autoestima en las vidas de sus hijos, se han alejado de las personas que enseñaban a papá y mamá cómo ser padres. Cuando los hijos de los Walton se estaban desarrollando, fueron el abuelo y la abuela quienes enseñaban a John y Olivia, y les daban sabios consejos sobre cómo criar hijos. Los episodios de *Los Walton* contienen muchas escenas en que los miembros de la familia se sentaban alrededor de la mesa y hablaban de decisiones, problemas, alegrías y tristezas. La participación intergeneracional que describe la serie era común antes del cambio cultural.

De repente, el abuelo y la abuela han cambiado. Venden la granja, compran un carro casa, y se ponen en camino hacia Las Vegas con una calcomanía de parachoques en la parte trasera del vehículo que reza: «Salimos a gastar la herencia de nuestros hijos». De pronto los abuelos ya no quieren ser abuelos.

¿QUÉ SE HA PUESTO A UN LADO?

Stephen Glenn explica el papel importante que los abuelos representaban antes del cambio cultural de agrícola a industrial:

> Si un padre disciplinaba muy fuertemente a su hijo, a menudo la abuela estaba allí y le decía al pequeño: «Tu papá también fue así de niño, pero es mejor que vayas y hagas lo que dice». De este modo hasta la disciplina más severa y autoritaria se podía moderar, y recibía significado positivo y por ende más aceptable.[1]

Desde principios de la década de los cincuenta las familias se alejaron de esta red familiar extendida con sus muchos beneficios. Separarse de generaciones mayores aumenta la dificultad que los padres experimentan en transmitir creencias y valores correctos a sus hijos. El pastor y experto en crianza de hijos Jay Kesler lo resume bien cuando llama a los abuelos «portadores de cultura» que sirven como vínculos de comunicación que ayudan a enraizar nuestra sociedad en valores del pasado.[2]

Los chicos de hoy tienen una experiencia muy distinta de la que tuvieron sus abuelos en la niñez. En vez de pasar horas de cada día relacionándose con padres, abuelos, tíos, tías, primos y otros parientes cercanos, los muchachos modernos tienen menos interacción con muchos menos miembros de la familia. Por lo general los parientes viven lejos, y la mayoría de las personas viven en familias nucleares que constan solo de uno de los padres, o los dos, y los hijos. Se vuelve fácil para los padres comunicarse rápidamente, corrigiendo problemas sin sacar tiempo para afirmar. Así lo expresa Glenn:

> La interacción dentro de la familia nuclear de hoy asciende solo a unos cuantos minutos al día. De estos pocos momentos, más de la mitad no son verdadera interacción. Son más bien comunicaciones en un solo sentido realizadas en un tono negativo: advertencias o reproches de los padres para sus hijos por mala conducta.[3]

La escasez de tiempo y la falta de aportación de la familia extendida se han combinado para crear problemas no solo en los chicos de hoy sino también en sus padres. Sin el apoyo amoroso y tierno de sus propios padres, a menudo papá y mamá se vuelven a toda clase de expertos en busca de consejo relacionado con la crianza de los hijos, y de más.

La floreciente industria de servicios enfocada en padres acosados, que empezó con los gustos por paquetes de fiestas de cumpleaños en gimnasios y pizzerías, se ha extendido hasta el punto en que ahora se puede contratar a alguien que ayude con todo, desde cambiar pañales a su bebé hasta lograr que su hija adolescente acepte usar un medianamente modesto vestido de fiesta de fin de año.

Steven Mintz, historiador de la Universidad de Houston especializado en la infancia, afirma: «La *labor infantil*, como yo la llamaría, es una de las crecientes industrias de nuestra economía, mientras prósperos padres intentan equilibrar el trabajo y la familia, lidiar con ansiedades cada vez mayores, y darles a sus hijos un punto de apoyo en la carrera del éxito»... Padres como estos, que vienen de una cultura de trabajo que contrata «expertos» para enfrentar todo problema, tienden a veces a buscar igual destreza en su vida familiar.[4]

John y Olivia Walton buscaban sus propias vías de destreza en la crianza de los hijos: sentarse en el amplio porche, reunirse alrededor de la chimenea, o intercambiar ideas mientras lavaban los platos después de una cena familiar. Sin embargo, John y Olivia pagaron el precio por su destreza: un precio deletreado t-i-e-m-p-o. También pagaron el precio, al menos de vez en cuando, de los conflictos. El consejo del abuelo y la abuela no siempre coincidía con lo que John y Olivia creían correcto para su familia y sus hijos. Eso a veces dolía.

No obstante, el precio que los Walton pagaron por sus relaciones familiares extendidas fue mucho menor que los setenta y cinco dólares por hora que cobran algunos instructores en crianza de hijos. Sin duda cuesta menos que el precio que se pudo haber pagado si los niños Walton se hubieran criado sin la amorosa influencia del abuelo y la abuela Walton. Esa clase de cuidado, interés y sabiduría personal es de inestimable valor.

Una experiencia de envejecimiento

Durante mi época como consejero de jóvenes comprendí que el cambio cultural había afectado a la familia de nuestra iglesia. Específicamente, el grupo juvenil operaba en forma independiente del ministerio de adultos mayores. Los jóvenes salían en viajes misioneros, experiencias en campamentos y otras actividades al aire libre. Los adultos salían de gira turística en gira turística. Francamente, los dos grupos parecían preferir sus vidas separadas. Los adultos se quejaban del grupo juvenil («¡Se la pasan corriendo por los pasillos de la iglesia!» «¡Dejan anotaciones en todas las bancas!»), y los jóvenes se quejaban de los adultos («¡Son unos lentos!» «¡Esperan que estemos callados, pero no pueden oírnos a menos que hablemos EN VOZ ALTA!») La mayoría de los jóvenes no entendía la importancia de relacionarse con las generaciones mayores, y los adultos habían perdido la comprensión que llega al interactuar regularmente con quienes son más jóvenes.

Diseñé un experimento con la esperanza de aumentar la comprensión de los estudiantes en el proceso de envejecer. La tarde del domingo anterior al Día del Amor y la Amistad reuní a todos los estudiantes en el salón de fraternidad y empecé el proceso de transformarlos. Quería que ellos experimentaran hasta donde fuera posible cómo era en realidad ser un adulto mayor.

Primero puse en las manos de los estudiantes grandes bolsas de basura que sobresalían de quince a veinte centímetros de las yemas de sus dedos, y se las pegué con cinta a las muñecas. De inmediato los estudiantes perdieron su destreza. No podían levantar algo sin dificultad. No podían pasar las páginas de su biblias. Un chico pidió permiso para ir al baño, volviendo a los pocos minutos con un comentario sobre lo difícil que de pronto se había vuelto algo tan sencillo como usar el baño.

Después coloqué una capa doble de gasa sobre los ojos de cada estudiante. Podían ver... pero no muy bien. La postura de los chicos cambió. Comenzaron a inclinar la cabeza hacia delante y a mirar con dificultad, tratando de ver lo que estaba delante de ellos a través de la pesada gasa. Se veían como... adultos mayores.

A continuación até los tobillos de cada estudiante con un pedazo de cuerda. Ahora sus pasos se volvieron cortos y torpes. Ya nadie se quejaría más de que ellos corrían por los pasillos de la iglesia. Ni siquiera podían *pensar* en correr.

Esa noche cantaba el coro de jóvenes. Los estudiantes arrastraban los pies y tropezaban en las escaleras hacia el altillo del coro. Sostenían los himnarios en ángulos extraños, esforzándose por ver las palabras en la página y, aun menos satisfactoriamente, a la congregación. Después de cuatro horas de esta experiencia de envejecimiento, los estudiantes rogaron que les quitara los varios artículos que habían añadido cincuenta años o más a sus cuerpos jóvenes. Ahora que entendieron lo que se sentía ser un adulto mayor, estaban listos para volver a su juventud.

La noche siguiente los estudiantes visitaron a todos los adultos mayores en la iglesia y les llevaron flores por el Día del Amor y la Amistad. Una de las jóvenes, Catherine, fue a parar a un asilo de ancianos. Cuando estiró la mano para agarrar la mano de la dama, la anciana le advirtió: «¡Ten cuidado! Tengo artritis exactamente allí, ¡y duele!»

«Ah, *sé* que la artritis duele —contestó Catherine comprensivamente—. ¡Ayer la tuve!»

El experimento en el proceso de envejecer funcionó tan bien que lo repetimos cada año. Ahora que sabían que los jóvenes comprendían los desafíos que enfrentaban, los adultos mayores empezaron a hablarles. Una vez que los estudiantes supieron que eran aceptados, empezaron a hablar con mayor franqueza a los adultos mayores. Por primera vez se desarrollaron relaciones entre los dos grupos. La necesidad de esta interacción se extendió en ambas direcciones.

Los jóvenes comenzaron a encontrar aliento y aceptación de los adultos mayores que a menudo no tenían en otros aspectos de la vida. De repente ya no tuve problemas en levantar fondos para llevar a veinte estudiantes en un viaje misionero al extranjero. Aunque pocos de los adultos mayores podían *ir*... sí podían *dar*, y lo hicieron, a los jóvenes que ahora consideraban sus nietos adoptivos.

Repito, los beneficios se extendieron en ambos sentidos. Una vez envié a los estudiantes con una serie de preguntas para sus amigos ancianos. Se suponía que las visitas duraran treinta minutos, pero duraron más de dos horas. Casi cada grupo regresó riendo. Una de las preguntas tenía que ver con qué había atraído al adulto mayor hacia un futuro cónyuge. Uno de los jóvenes nos dijo: «¡Él dijo que ella tenía tobillos sensuales! En ese entonces, ¡eso debió ser lo único que le permitieron ver!»

Esta clase de relación humanitaria intergeneracional era natural durante la época de la familia Walton. Es más, esa es la vida normal que Dios deseaba: que los jóvenes respeten y honren a los mayores, y que los mayores respeten y eduquen a los jóvenes. Con la separación de nuestra sociedad perdimos el modelo bíblico. Al perder las relaciones intergeneracionales, los chicos McDonald's ni saben las desventajas que sufren.

EXPERIENCIA ESENCIAL #4: DEPÓSITOS DE GRACIA

Cuando sucedió la tragedia en el Colegio Columbine el 20 de abril de 1999, la gente fue rápida para culpar en toda dirección. Lo mismo ocurre con toda balacera en colegios. Medios de comunicación, maestros, gobierno… parecía que todos a la vez criticaban y se echaban la culpa. Cuando el gobernador de Colorado Bill Owens habló un año después de esta tragedia, preguntó:

¿Tenemos de veras el valor de hacer lo necesario para cambiar una cultura que produce hijos tan alienados y violentos? … Nuestra cultura está en gran necesidad de ajuste y mejoría. Para mí está claro que hay una respuesta al desafío cultural que enfrentamos. Es claro que debemos volver a mirar sobre el abismo, dar un paso atrás y fortalecer a nuestras familias… No hay institución más importante para nuestro éxito. Las familias fuertes son nuestro primer baluarte contra la violencia juvenil y otras patologías sociales.[5]

Sí, parece grandioso fortalecer nuestras familias. Todos los padres que brindan ritual de transición estarían de acuerdo con eso… pero ¿cómo exactamente lo hacemos? Repito una vez más, debemos mirar las sendas antiguas: las sendas de la familia Walton, los días anteriores al cambio cultural, y especialmente las sendas de Dios. El plan divino es perfecto, y sus caminos correctos.

Papá y mamá: a ustedes les encantará la siguiente frase:

Los abuelos son la decadencia de Estados Unidos.

Desde luego, no quiero decir que los abuelos causen todos nuestros problemas. Al contrario, digo esto porque muchos de nuestros hijos no tienen abuelos que estén dispuestos a, o que puedan, brindar el cuidado y la preocupación amorosa que sus nietos necesitan. En consecuencia, muchos de los muchachos modernos se crían sin alguien en sus vidas que asuma el papel de un verdadero abuelo. Los chicos que no tienen abuelos en sus vidas se pierden mucha gracia.

El promedio de niños lleva vidas con muchas normas. En casa usamos normas. En la escuela se usan normas. En los deportes, los equipos usan normas. Vivir bajo muchas normas significa que un niño vive bajo la ley.

Una persona que vive totalmente rodeada por la constante opresión de la ley tiene dificultades. En la escuela oye a la ley: «Saquen papel y lápiz. Vamos a tener un examen relámpago. Lean para mañana las próximas veinticinco páginas. No corran por los pasillos. Escriban un informe de dos páginas antes de que termine la clase de hoy». En todo el día escolar, en toda clase, se aplica más y más la ley.

Me gusta usar términos bancarios para describir lo que denomino la *Teoría de la chequera*. Esta teoría declara que los padres pueden afirmar a sus hijos de modo sistemático y positivo por medio de *depósitos de gracia* en una *«cuenta espiritual» interior: un espacio dentro de cada individuo del cual este saca su autoestima y su valor propio.*

La aplicación continuada de la ley en el típico escenario escolar que acabo de describir ocasiona grandes retiros de la cuenta espiritual del niño. Luego de que llega a casa, a menudo después de experimentar más ley en el programa de atención extracurricular o en el equipo deportivo, finalmente ve a sus padres. ¿Qué es lo primero que le dicen? «¿Ya hiciste tus tareas? ¿Te castigaron? ¿Ya limpiaste tu cuarto? ¿Te acordaste de poner la mesa?» El niño no oye nada más que ley... ley... ley... y de pronto, su cuenta espiritual está en rojo.

¿Ha tenido usted alguna vez un patrón que no tenía nada bueno qué decir de usted, para quien usted nunca hacía nada correcto? ¿Sabe lo que le sucede a las personas que trabajan para alguien así? Al cabo de un tiempo tienen que hallar un escape a la constante opresión de la ley. Empiezan a robar lápices, a hablar mal del jefe a sus espaldas, y a utilizar el tiempo de la empresa para jugar por Internet, casi siempre tratando de encontrar liberación y alivio de toda la ley.

- **TEORÍA DE LA CHEQUERA:** Los padres pueden afirmar a sus hijos de modo sistemático y positivo por medio de depósitos de gracia en una «cuenta espiritual» interior.
- **DEPÓSITOS DE GRACIA:** Afirmaciones o acciones que comunican el valor intrínseco de un individuo en una forma que este encuentra significativa.
- **CUENTA ESPIRITUAL:** Espacio dentro de cada individuo del cual saca autoestima y valor propio.
- **DÉFICIT DE GRACIA:** Estado en el cual la cuenta espiritual de un individuo ha tenido más retiros que depósitos de gracia, de modo que se ve indigno e insignificante.

Al observar las balaceras escolares veo individuos que vivieron bajo constante ley. Por lo general antes estuvieron en problemas, por tanto se aplicó más ley a sus vidas. La ley, expresada por medio de normas que padres y maestros añadieron a las vidas de estos chicos, no necesariamente era mala. Lo malo *fue* que causó un enorme déficit en la cuenta espiritual de cada niño.

¿Cómo corregir un déficit en una cuenta? Mejor aun, ¿cómo prevenir un déficit en primer lugar? Usted debe hacer depósitos. Eso es lo que se ha puesto a un lado en nuestra cultura y en nuestros hijos: depósitos de gracia. Los depósitos de gracia permiten levantar una cuenta para que esta no termine como las de los asesinos de Columbine: en *déficit*.

Un niño que recibe suficientes depósitos de gracia puede equilibrar la ley bajo la cual vive, con gran cantidad de mensajes positivos que comunican su verdadera valía personal. Allí en el porche, el abuelo Walton tiernamente hacía a John-Boy depósitos de gracia. Los estudiantes en mi grupo juvenil escucharon atentamente a los adultos mayores... una vez que esos mismos adultos mayores hicieron depósitos de gracia en las vidas de los alumnos. Estudiantes y ancianos afirmaron entre sí su valía, así que unos y otros estaban haciendo depósitos de gracia, y no tuvimos ninguna cuenta que estuviera sobregirada.

RITUAL DE TRANSICIÓN EN LA CRIANZA DE LOS HIJOS

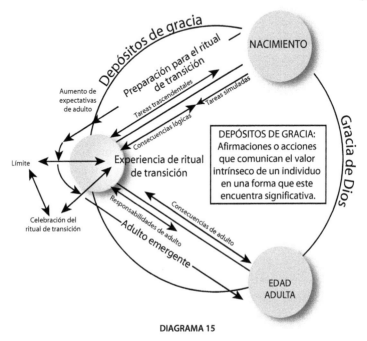

DIAGRAMA 15

Cuando completamos la transición de una sociedad agrícola a otra industrial y perdimos, en su mayor parte, la influencia de los abuelos y de otros miembros extendidos de la familia, nuestros chicos también perdieron depósitos de gracia. Hoy día nuestros hijos están confundidos por los mensajes mezclados que los padres envían («¡Eres muy especial! ¡Me estás enloqueciendo! ¡Anda ahora y limpia tu cuarto!»). Es más, muchos padres dan a sus hijos muy pocos depósitos de gracia. Al no saber *cómo* depositar gracia en la vida de un hijo, o en su cuenta espiritual, los padres tienen dificultad para hacerlo. Sin depósitos de gracia los chicos pueden terminar sintiéndose que están de más.

Ningún sobrante

Una de las cosas que más me irritaba cuando Jeremiah y Caleb vivían en casa era que devolvieran envases casi vacíos a la refrigeradora. Es más, no me habría sorprendido en absoluto encontrar un tazón plástico oculto en una de las parrillas, conteniendo un remanente de frijol de Acción de Gracias de 1997. En toda la planificación de nuestra comida desde ese tiempo, nunca tuvimos necesidad de ese frijol solitario. Sin embargo, permanecía en su lugar en el tazón dentro de la parrilla de la refrigeradora porque algún día, de algún modo, en alguna parte, podríamos necesitar un frijol.

Artículos alimenticios no son lo único que sobra en nuestro mundo. Hoy día muchos niños se sienten igual que las sobras. Nadie sabe qué hacer con ellos, así que los envolvemos, los guardamos, y los empujamos hasta el fondo de la refrigeradora... el lugar donde finalmente residen todas las sobras. Allí se sientan, esperando que llegue alguien, los saque, y diga: «Te quiero...», «te necesito».

Satanás quiere que nuestros hijos se vean como sobras: inutilizables e innecesarios. Los niños sobrantes se convierten en adultos sobrantes. Las personas que tienen una mentalidad de sobras no cambian el mundo. No se sienten necesarios. No ven su parte en un plan superior. Seguramente no se convierten en adultos capaces, responsables e independientes.

Dios nunca ha tenido un solo sobrante en toda su creación. Toda ave, toda nube, toda hoja y todo niño es parte de su plan eterno y soberano. El Maestro del universo diseñó a nuestros hijos para que sean importantes. Como padres nuestra tarea es ayudarlos a verse como el Señor los ve. Ellos pueden hacerlo solo si, al mirarnos a los ojos, pueden darse cuenta de que los vemos como valiosos e importantes. Nuestros ojos y nuestras palabras deben reflejar los propósitos que Dios tiene para sus vidas.

Cuando los hijos suyos lo miran a los ojos, ¿ven inmediatamente que son valiosos? ¿Importantes? ¿Obras maravillosas? ¿O se ven solo como sobras?

Las familias que hallan formas de proyectar depósitos de gracia en las vidas de sus hijos les harán saber que *no* están de más. Esos chicos obtienen identidad y autoestima debido a las inversiones hechas en sus vidas por las personas que los conocen y los aman. Esos son los depósitos que todo el mundo necesita. Son los depósitos que *Ritual de transición en la crianza de los hijos* denomina *gracia*.

Cathy, la mamá básquetbol

Mi esposa Cathy comprende los depósitos de gracia. Es más, ella es experta en hacerlos. A fin de relacionarse con nuestro hijo mayor, un entusiasta de los deportes, mi esposa hizo algo que encontré muy significativo. Ella le pidió que le ayudara a aprender más acerca del básquetbol profesional. Jeremiah le entregó una lista que incluía cerca de una docena de sus jugadores favoritos con sus respectivos apodos. Cathy los memorizó, aunque de antemano no tenía la menor idea acerca de ninguno de estos jugadores.

Ahora usted debe comprender que mi esposa es una noruega menuda y rubia que ama más a su familia que a los deportes. Cathy sabía con exactitud lo importante que era el básquetbol para nuestro hijo, así que estudió la lista de Jeremiah. Se enteró que Charles Barkley de los Rockets de Houston tenía un apodo: el furgón. A Karl Malone de los Jazz de UTA le llaman el Cartero porque *reparte*, y Larry Bird, el favorito de todos los tiempos de Jeremiah, es el Legendario Larry.

Nunca he visto a un chico tan complacido como Jeremiah, sentado en el mesón de la cocina e instruyendo a su madre en su labor de memorizar. Traía a sus amigos a casa y sonreía mientras ella recitaba datos del básquetbol. Usted podía ver el asombro en los rostros de ellos, de que la madre de Jeremiah supiera tanto respecto del básquetbol. «Tu mamá es la que más está en onda», le decían cuando salían de casa.

Bueno, a Cathy le importa un comino estar en onda. Lo que le interesaba entonces es lo que le interesa ahora: hacer depósitos de gracia en nuestros hijos. Cada vez que ella memorizaba un jugador y su apodo le mostraba a Jeremiah lo importante que él era. Ella le estaba haciendo depósitos de gracia por medio de sus palabras y sus acciones. Creo que hizo una «clavada».

⚘ RESUMEN DE *RITUAL DE TRANSICIÓN EN LA CRIANZA DE LOS HIJOS* ⚘

El cambio cultural ha eliminado las relaciones intergeneracionales que levantaban de forma natural depósitos de gracia (afirmaciones o acciones que comunican el valor intrínseco de un individuo) en los chicos. Nos hemos alejado de los abuelos, muchos de los cuales ya no invierten en las vidas de sus nietos. Esto ha hecho que los padres busquen ayuda fuera de la familia con relación a la crianza de sus hijos.

Las relaciones positivas intergeneracionales suplen necesidades tanto en los jóvenes como en las personas mayores. Muchos de los jóvenes rebeldes de hoy han experimentado un déficit de gracia en sus cuentas espirituales. Eso les ocasiona una sensación de que están de más, e inseguridad acerca de quiénes son en realidad.

CAPÍTULO ONCE

❧

El resultado de: «¡Nunca llegarás a nada!»

Nuestros hijos no llegan a la adultez capaz y responsable porque no han recibido mensajes correctos acerca de su identidad: una comprensión exacta de los atributos únicos del individuo.

«Id, decid a sus discípulos, y a Pedro, que él va delante de vosotros a Galilea; allí le veréis, como os dijo» (Marcos 16.7).

Por mucho tiempo me confundió esta sección del relato de la resurrección. ¿Por qué el ángel dijo «y a Pedro»? Pedro *era* uno de los doce discípulos.

Lea la Biblia entre líneas, y creo que verá cómo los depósitos de gracia jugaron un papel crucial en la historia de este discípulo. Pedro era el discípulo popular: audaz, franco, dispuesto a morir en lugar de Jesús… y el que lloró amargamente después de negarlo tres veces. Pedro era alguien con quien nos podemos identificar, porque Pedro era *normal*. Amaba a Jesús… pero cometió equivocaciones. Servía a Jesús… pero no siempre tenía las respuestas correctas. Siguió a Jesús… pero salió corriendo cuando las cosas se pusieron difíciles. Todos nos podemos identificar con Pedro.

Examinemos lo que le sucedió a Pedro antes que el ángel pronunciara esas palabras que encontramos tan difíciles de entender. Me gusta leer la misma historia en distintos relatos de los Evangelios, así que miré Lucas

22 por el resto de la historia. Antes que nada, permítame señalar que Pedro hizo un *compromiso irreflexivo*. Cuando Jesús le advirtió que Satanás estaba planificando atacarlo, Pedro, como sabemos que era su estilo típico, tenía lista una respuesta: «Señor, dispuesto estoy a ir contigo no solo a la cárcel, sino también a la muerte» (Lucas 22.33). Pedro lanzó la respuesta muy fácilmente... y unos cuantos versículos después su vida falló para demostrar su verdad. Su compromiso fue irreflexivo.

Pedro mostró después una devoción decreciente a su autoridad: Jesús. En el versículo 33, Pedro estaba listo a morir por el Maestro, pero solo veintiún versículos más adelante siguió «de lejos» a Jesús hasta la casa del sumo sacerdote (v. 54). No estuvo al lado de su Señor en su momento de necesidad. Sin duda no estaba listo para ir con Jesús a la cárcel y a la muerte; ni siquiera pudo entrar al juzgado. Suspiramos cuando leemos que su *devoción decreciente* lo hiciera alejarse lentamente de su amado Señor y Maestro. Suspiramos especialmente porque hemos hecho lo mismo.

Solo un versículo más adelante, el abandono de Pedro por su Señor había avanzado tanto que «se sentó también entre ellos» (v. 55). Pedro fue atraído por una conversación al lado de la hoguera con los soldados romanos que habían arrestado a Jesús. Qué ambiente perfecto y triste para su desgarradora negación del Señor en los siguientes versículos. Qué imagen perfecta y triste de la progresión que hacemos de un compromiso irreflexivo a una devoción decreciente y a *comer con el enemigo*.

Pedro negó a su Señor: no una ni dos veces, sino tres. Después de negarlo por tercera vez, la Biblia dice que «vuelto el Señor, miró a Pedro» (v. 61), lo miró directamente a los ojos.

Comprendo cómo se debió haber sentido Pedro. Mi madre fue una maestra en comunicar todo un mensaje de vida con una sola mirada. Recuerdo estar sentado en una banca de la iglesia, moviéndome y charlando con mis amigos. Desde su asiento en el altillo del coro, mi madre me miraba directamente a los ojos, detenía mi actividad, y hacía que toda mi vida centelleara ante mí, todo con una simple mirada.

Estoy seguro de que cuando Pedro miró a Jesús a los ojos, de inmediato se salió de la situación, suponiendo que sus malas decisiones significaban que ya no se le podía considerar uno de los doce. Pedro se puso adrede en la parrilla trasera porque consideró que estaba de más.

Cuando el ángel dijo: «Id, decid a sus discípulos, y a Pedro», las dos Marías corrieron a contar las buenas nuevas a los discípulos. Después de eso, las puedo imaginar tocando emocionadamente a la puerta de Pedro. Él está sentado en la oscuridad, con la cabeza entre las manos, pensando en voz alta: *¡Qué estúpido! ¿Cómo pude andar proclamando mi gran lealtad a Jesús ante mis amigos para sentarme después entre sus enemigos y negarlo tres veces?* Toda fracción de culpa y amargura se había transferido a la cuenta espiritual de Pedro, y el saldo restante era un sólido cero.

«¡Pedro! ¡Pedro! —persistían las dos Marías—. Pedro, tenemos un mensaje para ti. Jesús está vivo... el ángel nos envió a decírtelo».

«Seguramente no se refirió a *mí* —masculló Pedro—. Ustedes deben estar buscando a Pedro el carnicero... él vive calle abajo. O quizás a Pedro el zapatero... él tiene una zapatería a la vuelta de la esquina. Sé que él no se pudo referir a mí».

En algún momento la gracia derribó los muros que Pedro levantó, y el mensaje llenó su cuenta espiritual hasta desbordarse. Lo sé porque veo su respuesta en Lucas 24.9-12. Al principio, los once no creyeron que Jesús había resucitado, pero un discípulo corrió inmediatamente a la tumba. Usted ya lo imaginó. El discípulo de fe renovada gloriosamente era Pedro.

Jesús usó al ángel para enviar a Pedro el mensaje de las Marías... y un mensaje para cada uno de nosotros. En vez de mirar lo que Pedro hizo y reprenderlo: «¡Nunca llegarás a nada!», Jesús sabía que Pedro necesitaba gracia extra. Por medio del mensaje de las Marías, Dios envió un enorme depósito de gracia al discípulo descorazonado: «Aún creo en ti. Me volverás a ver. Puedes seguirme».

En la cultura judía tradicional, cuando dos personas habían tenido una época de angustia y contrariedad, se volvían a juntar para celebrar una comida de restauración. ¿Recuerda usted lo que Jesús hizo en Juan 21? Se presentó en la orilla, y preparó un festín de pescado para sus discípulos temprano en la mañana. ¿Qué pescador se quitó impetuosamente el manto y saltó de la barca, listo para compartir la comida y seguir a Jesús a cualquier parte? Usted lo volvió a adivinar. El picnic en la playa fue la comida de restauración de Pedro. La comida, las palabras, y el momento fueron todos ejemplos de depósitos de gracia.

Esa historia me brinda esperanza. Cuando fallo, agradezco que mi Dios sea el Dios de mil oportunidades, quien me dice una y otra vez: «Regresa, Walker. Vuelve a mi amorosa gracia».

Cuando nos sintamos carentes de gracia, cuando estemos seguros de no valer nada para nadie porque lo hemos echado todo a perder, cuando sintamos que estamos de más, Jesús nos envía el mensaje de las Marías. Es el mensaje de la tumba vacía: «¡Vuelve! ¡Creo en ti! ¡Me verás!» En realidad, la tumba vacía tiene dos mensajes. El primero nos dice quién es Jesús: el Salvador del mundo, el Señor de la resurrección. Pero el segundo mensaje es de gracia para quienes somos sus seguidores… aunque fallemos y caigamos.

El depósito de gracia de nuestro Señor devolvió a Pedro adonde pertenecía. En Hechos 2.14, se puso en pie con los demás discípulos. ¿Qué devolvió al Pedro negador, al Pedro estúpido, al Pedro tonto, a su lugar de fe poderosa? ¿Qué le permitió pararse firme una vez más? ¿Qué le concedió finalmente, según nos dice la tradición, la honra de morir cabeza abajo en una cruz por su Señor? Creo que fue el mensaje de gracia.

Déficit de gracia

Puedo oírle decir a usted: «Pero no lo entiendo, Walker. Jesús hizo muchos depósitos en la vida de Pedro. ¿Por qué él decidió alejarse?»

La verdad es que la historia de Pedro es la de Caleb… la de usted, y la mía. No, Cathy y yo no fuimos padres perfectos, pero habíamos inculcado creencias y valores correctos en nuestro hijo. Habíamos hecho lo posible por criarlo para que amara a Dios y honrara su Palabra. ¿Por qué se alejó? ¿Por qué muchos otros chicos hacen lo mismo?

Si observamos la vida de Pedro veremos que siempre estuvo tratando de ser alguien que no era. Esto lo hacía alejarse de los depósitos de gracia, y no permitía que las personas afirmaran quién era él. A veces, como Caleb y como Pedro, nuestros hijos no están satisfechos con quiénes son. El pecado de incredulidad les ciega la visión incluso a todas las creencias y los valores correctos que hemos puesto en sus vidas. Al mismo tiempo, Satanás susurra mentiras que se convierten en retiros de sus cuentas espirituales: «No eres bueno… Nunca llegarás a nada… ¿Quién te podría querer alguna vez?... ¡Eres un perdedor!»

Igual que Pedro, los chicos modernos tienen a menudo vacías sus cuentas. Igual que Pedro, a menudo ellos se vuelven hacia medios artificiales de llenarlas. Pedro pasó muy rápidamente de compromiso irreflexivo a devoción decreciente, y a comer con el enemigo... buscando nuevas relaciones y actividades para llenar el vacío en su vida. Gracias a los depósitos de gracia traídos por medio del mensaje de las Marías pudo dar con mucha rapidez un cambio abrupto. Algunos muchachos tardan mucho más tiempo en volver a casa. Se mantienen buscando maneras de llenar sus cuentas espirituales por medio de depósitos falsos o engañosos. El individuo, en su fuero interno, siempre sabe que su cuenta espiritual está vacía. Por eso *Ritual de transición en la crianza de los hijos* llama *gracia ficticia* a esos falsos intentos de llenarla.

> ᴄ GRACIA FICTICIA: Depósitos falsos o engañosos dentro de una cuenta espiritual que la hacen parecer llena pero que no añaden verdadero valor.

EL RESULTADO DE: DEPENDENCIA DE COMPAÑEROS

La gracia ficticia aparece en varias formas; una de las más conocidas, y frustrantes, para los padres es la manera en que los chicos McDonald's se vuelven hacia otros exactamente como ellos en busca de identidad individual.

John-Boy y sus hermanos y hermanas no tenían problemas de identidad. Comprendían quiénes eran porque sabían lo que hacían (tareas simuladas y después, tareas trascendentales) y porque sus padres, abuelos y otros parientes les habían añadido muchos depósitos de gracia a las creencias y los valores correctos que ya habían inculcado en sus vidas. Después de experimentar sus rituales de transición afrontaron con total seguridad la adultez capaz, responsable e independiente. Cuando tenían dudas, acudían a sus mayores. Cuando tenían preocupaciones, acudían a sus mayores. Cuando tenían problemas, acudían a sus mayores. El contacto intergeneracional les brindaba depósitos de gracia.

✦ Identidad: Certero entendimiento personal en un individuo de sus atributos únicos dados por Dios.

El psicólogo Ronald Koteskey afirma que la generación moderna sin abuelos y carente de gracia teme tanto el rechazo, que sus miembros sienten una fuerte presión de conformarse al grupo. La expresión psicológica para esto es *dependencia de compañeros*.

Por desgracia, esos otros adolescentes tampoco saben quiénes son, por lo que la presión de los compañeros se convierte en «ciegos guías de ciegos»... Tal conformidad se muestra en acciones, lenguaje, creencias, posesiones y, más obviamente, modo de vestir... Si los padres sugieren usar algo que no está «in» en el grupo en ese momento, la sugerencia será recibida con: «¿Tengo que usar eso?»

El psicólogo Solomon Asch mostró que los adolescentes se conforman, aun para un grupo de extraños, a algo tan simple como juzgar cuál de dos líneas es más larga. Cuando hacen juicios a solas, los adolescentes cometen errores casi 7% de las veces. Al juzgar con un grupo de tres o más personas cometen errores casi en 33% de las veces si el resto del grupo está unánimemente en su contra.

A medida que las diferencias entre las líneas se volvía menor, los adolescentes se conformaban más al grupo. Si los hacían sentir menos competentes que los demás en el grupo, se conformaban aun más. Desafortunadamente, muchas de las decisiones que toman los adolescentes son mucho menos definidas que juzgar la longitud de líneas. Al estar tan inseguros de sus identidades lo más probable es que se conformen a casi todo lo que hace el resto del grupo... Miran a otros para decidir cómo actuar porque no saben quiénes son.[1]

Un adolescente sin gracia cuya cuenta espiritual ha llegado a cero se separa de las relaciones familiares. En este momento el muchacho es más susceptible al atractivo de una pandilla o una secta. Estos dos subgrupos ofrecen la adición de gracia ficticia al proveerle al adolescente las palabras y acciones de aceptación, aprobación y afirmación que ansía. Al este chico no obtener o no *percibir* que obtiene adecuados depósitos de gracia de sus padres y familiares extendidos, los busca en otras partes.[2] Hasta un *buen* grupo puede causar problemas en las vidas de adolescentes, como lo señala Koteskey:

> Desafortunadamente, conformarse no es una buena respuesta a la identidad, aunque los adolescentes hayan decidido hacerlo a un grupo «bueno» en vez de una pandilla. En tiempos antiguos la gente encontraba identidades duraderas en sus culturas y sus comunidades, pero estas identidades adolescentes se basan en grupos temporales. Si el grupo rechaza al adolescente, el resultado puede ser devastador. Cuando el grupo se dispersa, como ocurre a casi todos los grupos de adolescentes, los muchachos se quedan otra vez sin identidad.[3]

El resultado de: Tecno-gracia

El mundo moderno ofrece a los jóvenes más y más subgrupos alternos que proporcionan maneras de añadir gracia ficticia a sus cuentas espirituales. Algo que ha recibido una notoriedad inédita es el creciente uso de tecnología por parte de adolescentes... y no solo tecnología sino, como señala un reciente artículo del *Time*, tecnología de multitareas. La generación de multitareas describe un mundo en que los padres y los adolescentes están tan encendidos y entregados a sus computadoras, iPods, teléfonos celulares y otros medios de multitareas electrónicas que casi no se relacionan personalmente. «Vemos eso cuando llega a casa el cónyuge que trabaja, y el otro cónyuge y los chicos están tan absortos en sus ocupaciones [con tecnología] que no le dan ni la hora al padre que llega».[4]

La gracia ficticia tal como la recibida por los chicos multitareas McDonald's de sus varios comunicadores electrónicos les quita tiempo, energía y espacio; en consecuencia, muy a menudo los jóvenes de hoy día no reciben verdaderos depósitos de gracia aunque se los brinden. La gracia ficticia hasta hace que sus receptores desconfíen de la validez de todos los verdaderos depósitos de gracia que reciben.

No asombra que los jóvenes modernos vivan en constante estado de déficit de gracia. Sus cuentas espirituales se han llenado falsamente con gracia ficticia.

EL RESULTADO DE: GRACIA MYSPACE

MySpace y otros sitios sociales de Internet enfocados en adolescentes como Facebook han recibido reciente publicidad a medida que el mundo adulto despertaba de repente a sus contenidos gráficos y potenciales para el crimen. Repito, los adolescentes que frecuentan estos sitios lo hacen a menudo como medio de obtener gracia ficticia. Envían sus ideas y luego observan la respuesta. *¿Hay alguien allí leyendo? ¿Me afirmará? ¿Le importará lo que creo?*

Aunque los resultados podrían parecer depósitos de gracia, con frecuencia están muy lejos de ser verdaderos.

A los funcionarios gubernamentales les preocupa que los adolescentes que utilizan sitios Web públicos para socializar y planificar actividades estén totalmente ajenos a la presencia de depredadores.

«Los muchachos no relacionan con la vida real lo que hacen en el computador —afirma Parry Aftab, un experto en seguridad en línea que ha asesorado a MySpace—. No creen que deben rendir cuentas».[5]

La oficina del fiscal general de Connecticut que investigó a MySpace expresó que su «falla en proteger a los menores» de imágenes pornográficas y de depredadores sexuales la convierte en «la peor pesadilla de los padres».[6] Un muchacho que busca identidad principalmente a través de medios como MySpace se expone a enormes retiros de su cuenta espiritual.

Cada día nos vestimos con una serie de atavíos que transmiten algo respecto de nuestra identidad: cómo nos ganamos la vida, cómo calzamos dentro de la jerarquía socio-económica de clases, cuáles son nuestros intereses, etc. Esto es producción de identidad. Los adolescentes estadounidenses empiezan a participar activamente en los primeros años de colegio en la producción de identidad cuando cambian de sus padres a sus compañeros como sus influencias principales, y las dinámicas de grupo los absorben... En MySpace se interpretan visiblemente dinámicas de producción de identidad. Los perfiles son cuerpos digitales, muestras públicas de identidad donde las personas pueden explorar el manejo de la impresión.[7]

CAMBIO DE GRACIAS

Se cambia sano amor marital por ataduras. Se cambian palabras de afirmación de un pariente por el envío de un extraño a su sitio Web personal. Se cambia aceptación familiar por iniciación en pandillas. Se cambia una manera positiva de expresar la fe por un apoyo.

A Satanás le encanta tentarnos para que aceptemos un sustituto barato por algo que Dios ha diseñado. En el campo de las relaciones tiene algunos métodos muy convincentes de hacerlo. ¿Recuerda? En el huerto del Edén convenció a Eva que aceptara unos cuantos mordiscos a un fruto delicioso a cambio de una relación eterna con el Señor. Tanto ella como Adán sustituyeron intencionalmente lo temporal por lo eterno, y lo seductor por la vida.

Padres: si no se aferran a la gracia descubrirán que sus hijos aceptan sustitutos por ustedes. Papá, si no hace depósitos de gracia en su hija, ella hallará un gorila hormonalmente desequilibrado y de movimientos lentos que llegue justo y le añada gracia ficticia a su vida en maneras que usted ni siquiera quiere pensar.

Una joven hambrienta de gracia se tragará hasta las más obvias mentiras. Confundirá con amor comprometido su casual «eres hermosa». Muchas mujeres se han involucrado en relaciones equivocadas porque sus padres no llenaron con depósitos de gracia las cuentas espirituales de sus hijas.

Mamá, usted tampoco se libra. Su hijo hará lo mismo si usted no pone gracia en la vida de él. Él se podría convertir en la estrella de fútbol en el colegio que espera una relación de amigos con beneficios con una tierna chica que conoció en el partido. Incluso se podría convertir en el inepto tecnológico que pasa horas en línea bajando pornografía de Internet.

Los chicos cuyas cuentas experimentan un déficit de gracia cambian la verdad por una mentira. Finalmente terminan igual que Pedro, igual que Caleb, igual que cada uno de nosotros, en un momento u otro. Se rebelan contra la autoridad, creyendo que no necesitan la protección y la dirección para vivir bajo el amparo que esta autoridad siempre brinda. Es más, cuando hacen esta peligrosa sustitución se les derrumba su carácter.

Devoción decreciente

¿Recuerda a Pedro y su devoción decreciente? Ese fue el inicio de su cambio de la verdad por una mentira al empezar a alejarse de su autoridad... y finalmente a rebelarse contra ella.

Volvamos por un momento a nuestra analogía de la construcción. Igual que Pedro, nuestros chicos encuentran fácil hacer compromisos irreflexivos porque la construcción de sus edificaciones es defectuosa. Dios quiere que sus vidas muestren valores correctos que calcen con creencias correctas. En vez de eso, hay una hendidura en los cimientos o una grieta en las paredes provocadas por valores equivocados, creencias erróneas, o ambas cosas. Debido a esta incompatibilidad de materiales, sus caracteres terminan tristemente en necesidad de reparación y realineación.

Poco a poco, después de que Pedro comenzara la progresión de devoción decreciente, comenzó a rechazar a Jesús, la autoridad en su vida. Empezó a seguirlo de lejos en vez de buscar una participación más íntima. Poco a poco se echó atrás de la autoridad de Cristo y rechazó su enseñanza, su entendimiento profundo, y su influencia.

PROYECTO DE CONSTRUCCIÓN

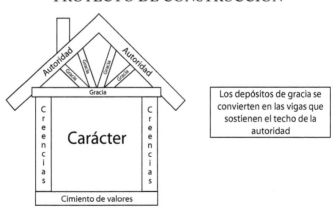

Los depósitos de gracia se convierten en las vigas que sostienen el techo de la autoridad

DIAGRAMA 16

Piense otra vez en la edificación. La autoridad de Dios es el techo. Imagínese tratando de quitar los cimientos y las paredes de debajo de su protección. Mientras más lejos estén de debajo del techo de autoridad los declives del edificio, más libre acceso tiene Satanás a la vida de su hijo. Puede dañar, y hasta destruir, toda la edificación en un tiempo relativamente corto. Muy pronto vemos más que solo rajaduras en la base y grietas en las paredes. Comenzamos a ver derrumbarse todo el edificio. Aunque no cae de inmediato, termina usando muchos puntales para sostener creencias erróneas y valores equivocados que están condenados a la destrucción.

¿Dónde calzan los depósitos de gracia en nuestra analogía de construcción? Aquí se convierten en las vigas. Vea usted, las vigas no solo sostienen el techo sino que también ayudan a mantener unidas las paredes. Los edificios construidos con clases equivocadas de vigas, o sin vigas, muestran serios problemas. Cada componente de la vida de una persona, cada elemento de construcción, depende de los demás y del apoyo y la fortaleza que proporcionan. Cuando el edificio de un niño no tiene suficientes vigas de gracia para sostener el techo de autoridad, termina expuesto y vulnerable a toda tormenta. Sin las vigas, las paredes de creencias empiezan a derrumbarse. Con seguridad que este edificio necesita ayuda para «solucionarlo, hermano».

⅜ Resumen de *Ritual de transición en la crianza de los hijos* ⅝

Que Pedro negara a Jesús muestra una progresión que siguen muchos de los chicos modernos debido a un déficit verdadero o percibido de gracia en sus cuentas espirituales. Los muchachos de hoy encuentran muchas maneras de añadir a sus vidas gracia ficticia, que incluyen dependencia de compañeros y tecnología de multitareas como teléfonos celulares y sitios sociales por Internet como MySpace y Facebook.

Los jóvenes de hoy han cambiado su verdadera identidad por las mentiras de la gracia ficticia, las cuales hacen retiros de la cuenta espiritual del niño. Es más, la gracia ficticia llena falsamente la cuenta, tomando el espacio asignado a los depósitos de gracia. Sin la identidad que proveen los depósitos de gracia, el niño empieza a salirse de su autoridad, haciendo de lado la protección y la dirección. Los padres que observan la deprimente progresión podrían terminar diciéndoles a sus hijos: «¡Nunca llegarás a nada!»

CAPÍTULO DOCE

∽

Experiencia esencial #4:
Establezca la identidad verdadera
de sus hijos por medio de depósitos
de gracia

*Debemos construir identidad verdadera en las vidas de
nuestros hijos por medio de nuestras palabras y acciones,
y de un equipo de gracia especialmente escogido.*

Cuando Caleb y Jeremiah eran pequeños nos esforzábamos por visitar a sus abuelos en Missouri siempre que podíamos. Mis padres aún vivían en la granja, y los muchachos se divertían explorando algunos de mis lugares favoritos y dedicándose a algunas de mis actividades favoritas. Entonces yo agradecía especialmente que papá y mamá hubieran salido de los extramuros de la ciudad. No me cabía duda de que Caleb se habría hecho campeón en acuchillar llantas.

A mis dos hijos citadinos les gustaba trepar árboles. Durante una visita salí a la puerta principal de la casa de mis padres. Aunque no recuerdo exactamente por qué, sí recuerdo que andaba persiguiendo por todas partes a mis hijos. Finalmente los divisé… en un árbol como a siete metros de altura.

En los años siguientes a nuestra salida de la granja me había convertido en padre y en un tipo de la ciudad. Casi no me emocionaba tanto que mis hijos treparan árboles como me había emocionado sacudir mis pocos fardos o levantar cercos.

—¡Muchachos! —grité en mi mejor tono paternal—. ¡Bájense inmediatamente de ese árbol!

—Pero, papá...

Una vez más, era la vocecita de Caleb la que me llegaba desde las temblorosas ramas.

—¡Caleb! ¡Jeremiah! ¡Bajen de inmediato! ¿Me oyen?

—Pero, papá...

—Sí, Caleb —manifesté, resignado a otra discusión padre-hijo.

—¿Qué hacemos con la abuela?

—¿La abuela? ¿Qué tiene que ver la abuela con esto? ¡Bajen de ese árbol ahora mismo!

—¡Pero, papá! —Caleb había llegado a dominar el arte de la persistencia—. La abuela también está aquí arriba.

Estiré el cuello. Allá, con la cabeza ladeada, aferrada de una rama con brazos y piernas, estaba mi madre... tres metros más arriba en el árbol que mis hijos.

Entré a la casa, moviendo la cabeza de lado a lado, y asombrado de los depósitos de gracia que mamá proveía a esos chicos. Jugaba con ellos; reía con ellos; les leía historias; les decía cuánto significaban ellos para ella por ser sus nietos. En otras palabras, en lo que a Caleb y Jeremiah respecta, mamá entendía la gracia. Un día no mucho después de este incidente, sin embargo, mamá tuvo un fulminante ataque cardíaco y murió.

Poco más de un año antes de eso el papá de Cathy había enfermado, y ella se fue a Missouri para cuidarlo. Por un corto tiempo asumí su papel junto con el mío. Por lo general ya me era muy difícil simplemente ser papá.

Un día mientras Cathy aún estaba cuidando a su padre, Caleb estaba demasiado enfermo para ir a la escuela. Él parecía tener esos días muy a menudo. Como nos acabábamos de mudar a Tulsa por mi nuevo cargo en la Primera Iglesia Bautista, yo no estaba muy seguro de qué hacer con mi hijo enfermo. Finalmente llamé a un amigo de la iglesia y le pedí sugerencias.

—¿Conoces a la señora Hodges? —me preguntó.

—No estoy seguro —contesté.

En realidad sí creía conocer a la señora Hodges... pero estaba revisando tantos rostros y nombres nuevos que temí adivinar quién era.

—Ella es de la iglesia. Hace poco perdió a su esposo, por tanto creo que podría estar sola, y es buena de veras con los niños. ¿Por qué no la llamas? ¡Apuesto que le encantará cuidar a Caleb!

Apunté el número telefónico y, desesperado por irme a trabajar, decidí llamar a la señora Hodges de inmediato. Ella pareció muy agradable, y rápidamente acordamos que llevaría a Caleb a su casa en mi camino a la iglesia. Más tarde durante el día, cuando llamé para saber cómo seguía mi hijo menor, recibí el informe.

—Empezó a dar volteretas en el suelo a los pocos minutos que usted lo dejó, creo que él está bien, hermano Walker. Hemos estado jugando y comiendo refrigerios… ¡hasta hicimos juntos unas galletas! Es un niño admirable el que usted y su esposa tienen. Admirable muchacho.

Estaba acostumbrado a oír que Caleb era un muchacho admirable, pero la señora Hodges parecía mucho más amable que cualquiera de las otras personas que había hecho ese comentario.

No mucho después murió el papá de Cathy. Cuando mi madre también murió, perdimos a dos abuelos dadores de gracia en cosa de un año, pero Dios tenía un plan para evitar que las cuentas espirituales de nuestros hijos fueran a quedar en déficit de gracia. Nuestra familia siguió viendo aquí y allá a la señora Hodges (para esta época la llamábamos por su primer nombre, Lucile), y ella siguió ofreciéndose para cuidar a nuestros hijos. Poco después tuvo sentido para todos nosotros incluirla como parte de la familia Moore. Lucile se convirtió en una abuela adoptiva para nuestros hijos y, como yo acababa de perder a mi madre, en una madre adoptiva para mí. Con el paso de los años se ha vuelto uno de nuestros más firmes alientos, apoyos y depositadores de gracia que nuestra familia ha conocido. Lucile siempre ha sido un puntal de gracia en nuestra familia.

Solo para asegurarme...

¿Puedo pedirle que me haga un favor? Deje de leer este libro ahora mismo. Antes de continuar con la siguiente frase; tengo una importante actividad de aprendizaje para usted. Saque su chequera, agarre un bolígrafo, y abra en el siguiente cheque en blanco. Escriba la fecha de hoy en la parte superior.

Donde dice: «Páguese a la orden de», quiero que escriba «Walker Moore» (es decir, W-A-L-K-E-R-M-O-O-R-E). ¿Ve ese pequeño recuadro con el signo de dólares en él? Quiero que ahora escriba allí la cantidad del cheque. Escriba un *1*, luego un punto, tres *ceros*, otro punto, y tres *ceros*. En la siguiente línea del cheque quiero que escriba estas palabras: *Un millón de dólares sin centavos*. Ya casi termina. En la parte baja a la derecha, simplemente firme.

Ahora lleve su cheque, póngalo en un sobre, y diríjalo a *Walker Moore, Tulsa, Oklahoma*. Esa es la única dirección que usted necesitará. (¿Puede usted darse cuenta de que he estado practicando mis habilidades de tele-evangelista?)

¿Qué quiere decir con «No puedo hacer eso»?

Seguro que puede hacer eso. Cualquiera puede hacerlo.

Vea usted, *escribir* un cheque por un millón de dólares no es el problema. El problema ocurrirá cuando yo lleve ese cheque a mi banco para hacerlo efectivo. Su banco le dirá al mío que usted tiene fondos insuficientes... que no ha hecho suficientes depósitos para cubrir un retiro tan grande.

Pues bien, su banco (y mi banco, y todos los demás bancos que conozco) tienen una regla algo graciosa: usted debe depositar más dinero del que saca. Si no hace esto, su cheque rebotará.

Por tanto, ¿qué tiene que ver esto con el *Ritual de transición en la crianza de los hijos*? Baje ahora su chequera... sencillamente siga leyendo.

Experiencia esencial #4:
Cómo añadir depósitos de gracia

Lo único que rebota más que un cheque malo es un niño cuya cuenta espiritual tiene más retiros que depósitos. Como vimos en el capítulo once, los chicos sin gracia terminan *rebotando* en una cantidad de maneras destructivas. Papás y mamás: si quieren evitar que sus hijos reboten, o arreglar los que ya están haciéndolo (incluso aquellos como Pedro y Caleb que han rebotado hasta salirse de debajo del techo de autoridad), si quieren saber cómo «arréglalo, hermano»... ¡siga leyendo!

1. MÍRELOS DIRECTAMENTE A LOS OJOS

¿Cómo hace usted un depósito de gracia en sus hijos? Antes que nada, los mira directamente a los ojos. Los chicos saben que usted les está poniendo atención cuando los mira a los ojos. Todos sabemos del *síndrome de cónyuge distraído* («SCD»). Esa es la condición en que los ojos no se desconectan del monitor de la computadora o de la pantalla del televisor (de algún modo, se dan muchos casos de SCD durante partidos de deportes profesionales), la cabeza asiente, y las palabras salen distraídamente: «Sí, cariño». No queremos extender SCD a nuestras relaciones con nuestros hijos... o con nadie más en nuestra familia. El otro día le hicieron notar a un amigo mío la importancia del contacto directo a los ojos. Estaba viendo *La hora final* por televisión mientras su hijita trataba en vano de hablar con él. Finalmente, en frustración, ella se paró frente a la poltrona de él, lo agarró de la barbilla, le giró el rostro hacia ella, y exclamó: «¡Papi! ¡Escucha con los ojos!»

La primera forma en que podemos levantar las identidades de nuestros hijos por medio de depósitos de gracia es hacer contacto visual... escucharlos con nuestros ojos. Al mirarlos directamente a los ojos les demostramos que nos importan, y eso añade algo especial a sus cuentas espirituales: Se le llama *depósitos de gracia*.

2. UTILICE LOS NOMBRES DE ELLOS

Los nombres son importantes para Dios. Cuando usted esté tratando de añadir depósitos de gracia en las cuentas espirituales de sus hijos, asegúrese de usar sus nombres. En primer lugar, el mismo acto de poner a alguien un nombre es una marca de señorío, de autoridad sobre esa persona. Se trata de una señal que indica *me perteneces*.

Cuando Dios hizo el sol, la luna y las estrellas (vea Génesis 1), les puso nombre. Él era su Creador y Señor. Cuando el Señor creó a Adán le dio la responsabilidad de poner nombre a todos los animales, porque Adán era el señor sobre todos esos animales. Cuando nació Jesús, su padre terrenal, José, no le puso nombre. En vez de eso, su Padre celestial (y por supuesto, su Señor) ya lo había hecho por medio del ángel: «Llamarás su nombre JESÚS, porque él salvará a su pueblo de sus pecados» (Mateo 1.21).

Cuando Jesús escogió a sus discípulos, usó sus nombres, y dio nuevo nombre a varios de ellos. Estos hombres tuvieron en el pasado connotaciones negativas ligadas a sus nombres, exactamente como muchos de nosotros hoy día. Jesús quería poder mirar directamente a sus seguidores a los ojos y decir algo positivo, por lo que les dio nuevos nombres que significaban quiénes eran y cómo él se sentía respecto a ellos.

Jesús usó estos nuevos nombres para decir a sus discípulos que esperaba que hicieran cosas más grandes que las que él hizo (Juan 14.12). Simón se convirtió en «la roca», quien, aunque su devoción decreciente lo alejó por un tiempo, empezó la iglesia que cambiaría al mundo. Saulo el perseguidor se convirtió en Pablo el protector y defensor de la fe. Los nombres son importantes. Los nombres conllevan mérito y valor. Los nombres significan depósitos de gracia.

El principio de expectativa dice que usted a menudo se convierte en lo que las personas creen que es. Si cree que ellas no esperan mucho de usted, ¿se imagina qué llegará a ser? Si usted se ve como sobras, terminará en el fondo de la refrigeradora, nunca escogido para nada.

Jesús no permitió que sus discípulos conservaran la etiqueta de *sobrantes*. Al contrario, los nuevos nombres que les dio mostraban lo mucho que él creía en ellos. Estos nombres fueron el mensaje de las Marías aun antes de que fuera enviado, y expresaba: «Creo en ustedes. Ustedes me seguirán. Me verán». Lo único que puede restaurar a nuestros hijos cuando experimentan déficit de gracia es la gracia.

Padres y madres: sé que ustedes son buenos padres, y que no es culpa suya que sus hijos se equivoquen. Nuestra cultura ha traído tantos cambios a las vidas de las familias que es asombroso que hoy día cualquiera de nosotros esté erguido. Usted conoce mis propias faltas y luchas como padre. Lo que sí le puedo decir hoy es que, del mismo modo en que actuó en la vida de Pedro y lo devolvió a su lugar como uno de los doce, la gracia también puede obrar en la vida de su hijo, tenga la edad que tenga. Utilice depósitos de gracia para mantenerle llena su cuenta espiritual, y un día le rebosará la vida.

3. Use lenguaje de depósitos

Usted debe recordar algo más al usar el nombre de su hijo y proyectarle expectativas positivas en la vida. Asegúrese de usar lenguaje de depósitos:

palabras que añaden depósitos de gracia a una cuenta espiritual. No cometa la equivocación de utilizar palabras que ocasionen retiros de la cuenta espiritual de su hijo cuando desea hacer depósitos de gracia. Después de todo, usted no querrá sorprenderse dándole gracia ficticia.

> ⋆ **Lenguaje de depósitos:** Palabras que añaden depósitos de gracia a una cuenta espiritual.

La manera más sencilla y mejor en que le puedo explicar esto es recordarle el uso de la palabra *porque*. Diga a su hijo: «Te admiro *porque* ayudaste a tu hermana a ponerse los zapatos sin que nadie te lo pida».

«Hijo, te aprecio *porque* se te ocurrió sacar los platos del lavavajillas».

«Hija, te agradezco *porque* buscas maneras de hacer sonreír a otras personas».

Las frases con *porque* hacen específicos sus depósitos de gracia, asegurando que van a parar en la cuenta correcta con el valor adecuado acompañante. De otro modo, el depósito de gracia puede terminar sin darse cuenta como un retiro.

Así actúan los elogios genéricos. ¿Le han dicho alguna vez: «Eres maravilloso», o «Eres muy especial»?

¿Qué es lo primero que usted hace al oír un elogio genérico? Lo sé, porque yo hago lo mismo. Piensa al instante: *Bueno, en realidad no soy maravilloso. Mi escritorio está desordenado... eso no es maravilloso. Ellos no deben haber visto mi escritorio.* O usted se podría decir: *¿Especial? ¡Ja, ja! No vieron el modo en que discutí cuando mi esposa me pidió ayuda. Sé que* en realidad *no soy especial.*

Los elogios genéricos dan a Satanás la oportunidad de susurrar mentiras respecto de quiénes somos y qué hacemos. Use lenguaje de depósitos de afirmaciones *porque* para frustrar los planes de Satanás, expresando verdades en las vidas de sus hijos acerca de sus identidades y de los deseos del Señor para sus vidas. Esa clase de lenguaje de depósitos ayuda a comunicar gracia verdadera.

4. ¡Simplemente hágalo!

En estas últimas páginas he hecho gran énfasis en lo que usted *dice* al entregar depósitos de gracia a su hijo. Sin embargo, quiero asegurarme que entienda que estos depósitos son también lo que usted *hace*.

De nuevo una historia que involucra a uno de mis hijos explica mejor lo que quiero decir. Yo hablaba acerca de la crianza de los hijos en una iglesia bastante grande. Caleb, siendo niño en esa época, había ido en el día. Durante un descanso algunas de las mujeres de la iglesia lo agarraron, creyendo que podían escarbar en el interior de Walker Moore.

Una de las preguntas que le hicieron fue: «¿Cómo sabes que tu papá te ama?» Lo sé porque oí el intercambio de palabras cuando me acerqué sin que me vieran.

La alegre risa de Caleb se oyó por el pasillo. «Él *lucha* conmigo».

Gracia, para Caleb, se deletreaba l-u-c-h-a-r. Como sabemos bien los padres, los chicos son diferentes. Así como mis hijos tienen diferentes maneras de pensar y de actuar, también tienen diferentes maneras de recibir depósitos de gracia. A Jeremiah también le gustaba luchar, pero casi no tanto como le encantaba que alguien lo escuchara y apreciara lo mismo que él valoraba. Cuando Cathy, la mamá básquetbol, aprendió lo relacionado con los jugadores favoritos de Jeremiah, estaba usando tanto palabras como acciones para hacerle depósitos de gracia.

BANCO DE GRACIA

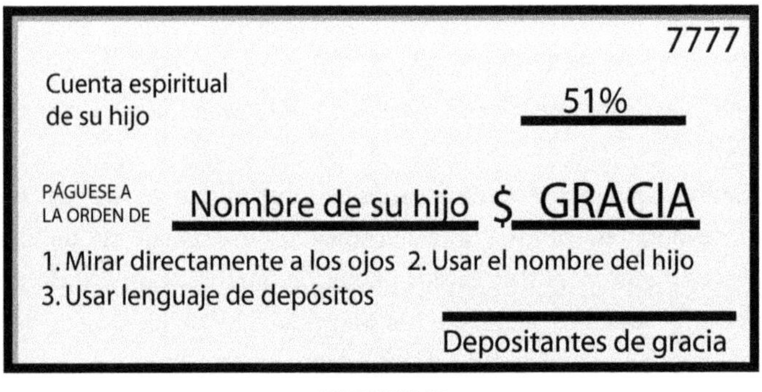

7777

Cuenta espiritual
de su hijo

51%

PÁGUESE A
LA ORDEN DE Nombre de su hijo $ GRACIA

1. Mirar directamente a los ojos 2. Usar el nombre del hijo
3. Usar lenguaje de depósitos

Depositantes de gracia

DIAGRAMA 17

El equipo de gracia

¿Recuerda a Lucile Hodges? Ella es la madre adoptada por nuestra familia y *depositante designada de gracia*, y le estamos agradecidos porque cumple a la perfección este papel. Cuando mis hijos participaban en deportes, ella asistía a todos los partidos. Estuvo a mi lado cuando me propuse e inicié un ministerio destinado a proveer rituales de transición y tareas trascendentales a jóvenes. Lucile ha estado allí para nosotros en maneras que nunca pudimos haber imaginado antes, y hemos tratado de hacer lo mismo por ella.

- ◆ Depositante designado de gracia: Alguien escogido para hacer depósitos de gracia en la vida de un niño.

- ◆ Equipo de gracia: Personas que continuamente puedan influir de forma positiva en la vida de un niño por medio de palabras y acciones que afirman, apoyan y edifican su verdadera identidad.

Yo no conocía a Lucile, y aún no había aprendido estos principios cuando mis hijos nacieron. En la actualidad le animo a usted a que rodee a su hijo, desde el día que nace en adelante, de personas que continuamente puedan influir de forma positiva en su vida: un equipo de gracia. Apenas sepa que Dios le está preparando para bendecirle con un niño, empiece a orar con su cónyuge respecto de a quién él quiere colocar en el equipo de gracia de su hijo. Este grupo de personas verterán la gracia de Dios en la vida de su hijo, especialmente durante esos tiempos en que papá y mamá deben ser la ley.

Los Walton no tenían que buscar un equipo de gracia fuera de la familia. Se tenían unos a otros. Debido a la pérdida en nuestra cultura de las relaciones intergeneracionales, nuestros hijos necesitan con frecuencia numerosos depositantes designados de gracia. Algunos, tales como un maestro o un entrenador, servirán de modo temporal. Otros (como Lucile en nuestra familia) formarán parte del equipo de gracia de su hijo, animándolo a través de los años. También estarán allí para apoyar a los padres cuando toman algunas de las decisiones difíciles que siempre son parte de la crianza de los hijos. Usted nunca se arrepentirá de formar un equipo de gracia para su hijo, y tampoco se arrepentirá de desarrollarle una cuenta en su espíritu por medio de depósitos de gracia.

RITUAL DE TRANSICIÓN EN LA CRIANZA DE LOS HIJOS

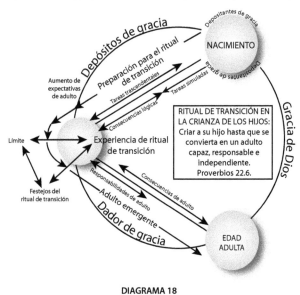

DIAGRAMA 18

GRACIA DOLOROSA

Mientras veía internarse la patrulla en la noche con mi furioso hijo dentro, yo sufría. Sufría por Caleb. Sufría por mi esposa, quien pronto sabría que dejé que su hijo menor fuera a la cárcel. Sufría por mí mismo... un hombre que había enseñado estos principios durante muchos años, y que lleno de agradecimiento había señalado a sus hijos como ejemplos de sus verdades. Aunque estaba bien dejar que Caleb experimentara consecuencias lógicas, también era difícil.

Puesto que ustedes son buenos padres, estoy seguro de que han entendido que Caleb no tenía gracia el momento en que cayó preso. Las decisiones que tomó se combinaron para retirar toda la gracia que habían colocado en su vida la influencia de una familia piadosa, además de depositantes adicionales de gracia como Lucile. Esa noche Caleb parecía y se sentía como si estuviera de más.

Las semanas y los meses siguientes se convirtieron en la verdadera prueba de mi enseñanza. Después de que la policía se lo llevara, fui a casa y caí de rodillas. Le expresé a Dios: «He hecho todo lo que sé hacer. Estoy lejos de ser perfecto, pero me esforcé mucho en tratar de criar a mis hijos según tu voluntad y tu Palabra. Esto es lo más difícil que tengo que hacer: permitir que mi hijo experimente consecuencias lógicas». Yo sabía que también tendría que experimentar consecuencias lógicas. Eso me aterró. El mundo cristiano tiende a dispararle a sus heridos… y sin duda esa descripción calzaba en mí en esa época. Recuerdo haberle dicho a Caleb en cierto momento: «¿Qué voy a hacer contigo, hijo?» Su respuesta fue profunda: «No lo sé, papá. *Tú* escribiste el libro».

Yo escribí el libro, y si alguien debería tener una respuesta debió haber sido Walker Moore. Yo sabía que este incidente muy bien podría poner en grave peligro a mi ministerio escrito y hablado.

Me volví aun más sincero con Dios: «Señor, intenté hacer todo lo que me mostraste, y mi hijo aún sigue haciendo lo malo».

En ese instante sentí que Dios ponía su brazo firme alrededor de mis cansados hombros: *Lo sé. Yo tuve el mismo problema.*

Eso me despertó. Me brindó mucha esperanza… y mucha ayuda. Dios me siguió hablando: *Walker, no te puedes imaginar lo que hice por mis hijos. Les hice un huerto perfecto, un lugar que tenía todo. Solamente implanté una sencilla regla, no comer de un solo árbol, y ellos ni siquiera pudieran cumplir eso. Aunque hice todo bien, mis hijos aún decidieron hacer lo malo.*

Lo que yo había vivido no era menos que lo que Dios mismo había experimentado. Los dos tuvimos hijos que fallaron. Cuando sus hijos decidieron hacer lo malo, el Señor les proveyó gracia… y un camino de regreso.

Comprendí entonces que podía responder en la manera humana normal o volverme como Dios y seguir poniendo gracia en mi hijo, pasara lo que pasara. Cathy y yo empezamos a hallar formas de brindarle a Caleb depósitos de gracia. Eso no necesariamente llegó con facilidad; y al principio Caleb no disfrutaba particularmente recibirlos. No obstante, yo sabía que lo que vi en la Biblia y enseñé por muchos años debía ser cierto: Caleb volvería a someterse a nosotros como su autoridad (y en última instancia, a Dios) solo si poníamos suficientes depósitos de gracia en su vida para cubrir esos retiros.

Ahora dejaré que Caleb lo cuente desde su propia perspectiva.

El resto de la historia de Caleb

La verdadera lección no vino solo de ir a la cárcel. Ser arrestado no fue lo que me volvió a llevar al Señor y a la autoridad de mis padres. Muchas personas pasan tiempo en instalaciones correccionales sin encontrar alguna vez la verdadera gracia. El verdadero ejemplo de esto llegó después que mi padre había insistido en la ley o, como él la llamaba, consecuencias lógicas. Tuve que vender mi auto para ayudar a cubrir los asombrosos costos del juzgado y los honorarios del abogado. Esto me dejó sin ningún medio de transportarme, y debí usar el transporte público. Aunque el autobús me podía llevar al trabajo, no me proveía un camino a casa. Los buses dejaban de recorrer a las diez de la noche, pero con mi trabajo en Blockbuster no salía hasta la una o en ocasiones las dos de la mañana.

Después de todo lo que había hecho pasar a mis padres, ellos tenían todo el derecho de hacerme caminar a casa. En vez de eso, cada vez que salía de mi trabajo, él estaba allí para recogerme. Yo podía asegurar que él estaba cansado y a veces frustrado, pero nunca se quejó ni me reprendió. De algún modo el hecho de que no se quejara era una disciplina más eficaz que cualquier reprimenda que me pudo haber dado.

Después de esas trasnochadas, mi madre hacía el turno de las manejadas en la mañana. Como los autobuses aún no habían empezado sus recorridos, ella me llevaba al edificio de la ciudad donde completé mi servicio a la comunidad. Esta se convirtió en nuestra rutina un día sí y un día no por varios meses. Vi a Jesús en mamá mientras se sacrificaba para darme la gracia que yo no merecía.

Mi padre no me dio una respuesta de Escuela Dominical. No me dijo simplemente que necesitaba a Jesús. Él entendía lo que significaba de veras discipular a alguien... aunque ese alguien no quería *ser* un discípulo. Empecé a ver fe pura expresada por medio de amor y gracia. Comencé a ver pasar la ira y el odio que había expresado por él al enviarme a la cárcel esa noche. Empecé a ver el rostro de Jesús.

Aunque las drogas y el alcohol que habían provocado mi arresto estaban aflojando su control en mí, aún significaban un problema para mí. Una noche no fui a casa. Tuve que decir a mis padres que pasaría la noche en casa de un amigo, y que él me recogería en el trabajo. Mi amigo pasó por mí, pero no fuimos a su apartamento. En vez de eso nos fuimos a beber cerveza y tragos de alcohol en una cantina cercana. En medio de la niebla de estúpido pensamiento decidimos hacer un viaje por carretera. Desperté al día siguiente en Arkansas, como a cinco horas de casa. La cabeza me dolía, pero la culpa dolía más. Inmediatamente fui a un taller de tatuajes (tatuarse era todavía ilegal en Oklahoma) y me hice tatuar en la nuca el número trece en números romanos, igual que la canción «Trece» de Johnny Cash. El significado era simple: una decimotercera oportunidad en la vida. Me había jurado que me haría ese tatuaje cuando tomara la decisión definitiva de dejar de beber.

Llegué a casa bien entrada la tarde y les conté a mis padres lo que había ocurrido. Había decidido que era el momento de dejar de pelear y de esconderme. Les mostré el tatuaje y, con lágrimas en los ojos, me rendí: «Me someto».

Papá me había hablado muchas veces de la idea de someterme a una autoridad, pero yo no la aceptaba. El control es algo con que luchamos por conseguir... y en realidad nunca lo obtenemos. Puse mi destrozada vida en manos de mi padre y le pedí que me ayudara a *arreglarla* (sí, se podría decir que me crié con esa expresión).

Sinceramente puedo decir que volverme a someter a la autoridad de mis padres fue determinante en gran manera. Siempre había pensado que someterme era renunciar. Resultó ser todo lo contrario. Juntos mi padre y yo declararíamos la guerra al sufrimiento que me había provocado a través de mis majaderas decisiones.

Criado como hijo de un ministro, y sabiendo todas las ideas políticas que pueden entrar en la religión organizada, yo tenía una desconfianza bien aprendida hacia cualquiera que afirmara ser seguidor de Jesús. Sin embargo, lo único que me ayudó a redescubrir mi fe fue el amor de mis padres. Ellos no tenían razón para hacer las cosas que hicieron, pero siguieron amándome para que volviera a los brazos de Dios.

Hasta el amor de un padre se puede secar por la desobediencia continua y la amargura extrema, pero el amor del Señor perdura para siempre. Sinceramente creo que el hombre que me recogía en el trabajo muchas veces tarde en la noche, y la mujer que me llevaba a la ciudad en las madrugadas no eran mi padre y mi madre. Su amor se había agotado mucho tiempo atrás. En mi opinión, ellos estaban confiando únicamente en la fortaleza y el amor del

Dios al que servían. Eso me cambió más que cualquier sermón que hubiera oído, o que cualquier libro que hubiera leído alguna vez. Papá podrá llamarlo depósitos de gracia, pero yo lo llamo el convincente amor de Jesucristo.

Hoy día sirvo al Señor como ministro de jóvenes, pero no porque fui a la cárcel y pasé todas esas experiencias malas. Eso no es lo que me enseñó, ni es parte importante de mi testimonio actual. La verdadera lección llegó a través del amor de mis piadosos padres.

¿Sabe usted? La mayoría de los padres no harían por sus hijos lo que papá y mamá hicieron por mí. Lo sé porque a diario trabajo con padres. Para hacer lo que hicieron los míos se necesita la clase de amor y conocimiento que solo vienen de Dios. Esta clase de amor saca de su camino todas las fechorías y las oportunidades de decir «te lo dije», y abraza a las personas que menos lo merecen.

Cuando hablo en público, a menudo oigo el comentario: «Te pareces a tu padre». Me solían molestar estas comparaciones. Ahora, después de todo lo que hemos pasado juntos, espero que se me haya pegado algo de su carácter. Sé que el objetivo de mis padres es refrendar el amor de Cristo en quienes los rodean. En la actualidad ese también es mi objetivo.[1]

PASADO PERFECTO

Caleb no fue el único que aprendió de esta experiencia. Yo también aprendí. Aprendí lo que era dormir un par de horas y luego levantarse otra vez para manejar hasta el centro de la ciudad en la noche gélida y recoger a mi hijo, quien se sentaría hosco e inmóvil, acurrucado en el rincón del asiento de pasajeros de mi auto. Aprendí lo que era seguir brindando gracia no solo haciendo esos recorridos sino también hablando a mi hijo mientras viajábamos… aunque él me volvía a rechazar una y otra vez.

A medida que Dios obraba a través de mí para derramar gracia en la vida de Caleb, comprendí que en realidad la gracia cubre todo. No podía dar a mis hijos un ritual de transición sin gracia. No podía darles tareas trascendentales sin gracia. No podía dejar que experimentaran consecuencias lógicas sin gracia.

Esas vigas de gracia dibujadas en el diagrama 16 realmente soportaban y sostenían todo junto. A la larga, esa gracia llevó a Caleb a someterse de nuevo a mí como su autoridad, y nos permitió trabajar juntos para reconstruir su vida. También aprendí algo más. Antes, cuando enseñaba acerca de la cuenta espiritual y de la necesidad de depósitos de gracia, omitía un principio importante. Vea usted, ciertas clases de cuentas ganan más de lo que usted pone en ellas. Estas cuentas agregan a los depósitos lo que los banqueros llaman *intereses*. Las cuentas con intereses terminan con un saldo mayor que la cantidad de sus depósitos.

Cuando observo hoy día a Jeremiah y Caleb no solo veo los depósitos de gracia sino también los intereses en los años de inversión que Cathy, muchos otros, y yo habíamos hecho. Es más, sus vidas tienen un valor que excede en mucho todo lo que Walker Moore algún día depositara allí. Eso se debe a que la gracia de Dios es más grande que todo lo que yo pudiera haber pedido o pensado. Su gracia ha aumentado de manera exponencial mi pequeña inversión... aunque a menudo no hago lo que es correcto. Como ve, *Ritual de transición en la crianza de los hijos* NO es acerca de ser un padre perfecto. Si así fuera, yo no calificaría. A menudo me preguntan durante mis enseñanzas: «Walker, ¿practica usted *siempre* lo que predica? ¿Hizo recibir *siempre* a sus hijos consecuencias lógicas? ¿Les proporcionó *siempre* tareas trascendentales? ¿Les extendió además depósitos de gracia en toda oportunidad?»

Una vez más, usted sabe la respuesta. Mi esposa y mis hijos serían los primeros en decirle que estoy muy lejos de ser el padre perfecto. Uno de los aspectos fabulosos de *Ritual de transición en la crianza de los hijos* es que usted solo tiene que establecer sus principios 51% de las veces. Suelo decir a la gente que los chicos son grandes matemáticos. Si usted duda de eso, observe lo que ocurre al tratar de dividir un caramelo entre tres de ellos.

Sus hijos sabrán si usted aplica tareas trascendentales, consecuencias lógicas o depósitos de gracia *la mayoría de las veces o nunca*. Eso es 51% de las veces. *Ritual de transición en la crianza de los hijos* cubre y contiene todos estos hechos... pero si usted hubiera mirado dentro de la casa de los Moore mientras Jeremiah y Caleb aún vivían en ella, no lo habría visto funcionar a la perfección veinticuatro horas al día, siete días a la semana. Distamos mucho de ser perfectos, pero como demuestra la historia de Caleb, servimos a un Dios perfecto que puede ayudarnos más allá de nosotros mismos para reflejar su gracia.

Ritual de transición en la crianza de los hijos no trata acerca de hijos perfectos más de lo que trata de padres perfectos. Es más, no me interesa enseñar a nadie a criar *hijos* perfectos. Mi objetivo, y espero que para ahora sea también el suyo, es producir *adultos* capaces, responsables e independientes que estén preparados para la vida. En los últimos treinta años he desarrollado mi ministerio alrededor de esta meta. He visto resultados positivos, no solo en las vidas de mis hijos sino en las de miles de jóvenes que han servido en Ministerios Awe Star.

Los principios de *Ritual de transición en la crianza de los hijos* son previsibles. Si usted da a sus hijos un ritual de transición, ellos harán a un lado la adolescencia y se convertirán en adultos emergentes. Si usted les provee tareas trascendentales, ellos desarrollarán las habilidades para una vida competente. Si aplica consecuencias lógicas, construirán sus vidas sobre creencias y valores correctos. Por último, si vierte gracia en ellos, se someterán a usted como autoridad y encontrarán su verdadera identidad en Cristo, convirtiéndose en los adultos capaces, responsables e independientes que Dios diseñó que llegaran a ser.

Si usted quisiera proporcionar a su hijo un verdadero ritual de transición por medio de un ministerio que inculca estos principios en las vidas de los chicos, y brinda herramientas para que los padres continúen el procedimiento, contacte por favor a Awe Star Ministries, usando la información que sigue. Estaremos felices de servirle porque estamos dedicados a preparar a sus hijos… para la vida.

AWE STAR MINISTRIES
P.O. BOX 470265
TULSA, OKLAHOMA 74147-0265
1-800-AWESTAR
www.awestar.org

⚘ RESUMEN DE *RITUAL DE TRANSICIÓN EN LA CRIANZA DE LOS HIJOS* ⚘

Las familias cuyos miembros extendidos no pueden o no están dispuestos a proveer gracia a los hijos se pueden beneficiar de depositantes designados de gracia. Estas personas hacen de buen agrado depósitos de gracia en las vidas de los chicos. Los padres también deberían escoger en oración un equipo de gracia que influya constantemente en la vida de sus hijos por medio de palabras y acciones que afirmen, apoyen y desarrollen la verdadera identidad de los muchachos. El equipo de gracia también permanece junto a los padres en todo el proceso de crianza de los hijos.

Los depositantes de gracia, sean padres u otros, pueden proporcionar gracia a los chicos empleando lenguaje de depósito en vez de elogios genéricos, usando los nombres de los muchachos, y *actuando* con gracia al mismo tiempo que la *comunican*. Los depósitos de gracia pueden ayudar a que los hijos rebeldes vuelvan bajo la autoridad de sus padres. Gracia es la clave final de *Ritual de transición en la crianza de los hijos*, un proceso que ayuda a desarrollar adultos capaces, responsables e independientes para la vida.

GLOSARIO DEL RITUAL DE TRANSICIÓN EN LA CRIANZA DE LOS HIJOS

ACTIVIDADES DE ADULTO: Acciones que identifican a alguien como adulto de acuerdo con normas personales o culturales.

ADOLESCENCIA: Una palabra definida culturalmente, que describe el período entre la infancia y la adultez en que un individuo no es niño ni adulto.

ADULTISMO: Según el educador Stephen Glenn, «cada vez que un adulto olvida cómo es ser un niño y luego espera, demanda y requiere algo del niño, quien nunca ha sido adulto para pensar, actuar, entender, ver y hacer cosas como un adulto».[1]

ADULTOS EMERGENTES: Jóvenes que han experimentado un ritual de transición y asumen gradualmente responsabilidades y consecuencias de adultos.

AMIGOS CON BENEFICIOS: Vínculo caracterizado por la provisión de favores sexuales mutuos sin las complicaciones de una relación romántica.

ATADURAS SEXUALES: Vínculos aun más impersonales que «amigos con beneficios», caracterizados por la provisión de favores sexuales con poca, o ninguna, participación emocional.

AUTORIDAD: Persona o personas designadas a quienes un individuo somete su voluntad de modo voluntario.

B₂Bs O CHICOS QUE VUELVEN A CASA: Bumeranes desempleados o subempleados que han regresado a vivir a casa de sus padres.

CARÁCTER: Fondo moral que define la identidad de un individuo.

CHICOS McDONALD's: Jóvenes que siguen exhibiendo ineptitud, irresponsabilidad y dependencia infantil en otros.

CONSECUENCIAS DE ADULTO: Resultados previsibles determinados por las decisiones propias del individuo.

CONSECUENCIAS LÓGICAS: Resultados previsibles de una acción.

CONTRATO DE CONSECUENCIAS LÓGICAS: Documento escrito que equipara una acción (o acciones) con creencias o valores correctos, y especifica sus consecuencias previsibles.

CREENCIAS: Pensamientos expresados como acciones.

CUENTA ESPIRITUAL: Espacio dentro de cada individuo del cual saca autoestima y valor propio.

DÉFICIT DE GRACIA: Estado en el cual la cuenta espiritual de un individuo ha tenido más retiros que depósitos de gracia, de modo que se ve indigno e insignificante.

DEPOSITANTE DESIGNADO DE GRACIA: Alguien escogido para hacer depósitos de gracia en la vida de un niño.

DEPÓSITOS DE GRACIA: Afirmaciones o acciones que comunican el valor intrínseco de un individuo en una forma que este encuentra significativa.

EQUIPO DE GRACIA: Personas que continuamente puedan influir de forma positiva en la vida de un niño por medio de palabras y acciones que afirman, apoyan y edifican su verdadera identidad.

ESPÍRITU DE AYUDA SOCIAL: Creencia de un individuo de que se le adeuda dinero, tiempo, posesiones, etc., por el solo hecho de existir: «Existo; por tanto, me debes».

FALSO RITUAL DE TRANSICIÓN: Medio artificial de marcar la línea entre infancia y adultez.

GENERACIÓN BUMERANG: [también «bumeranes»] Adultos jóvenes que se niegan a independizarse y vuelven una y otra vez a su autoridad paterna para solucionar las necesidades básicas de vida.

GRACIA FICTICIA: Depósitos falsos o engañosos dentro de una cuenta espiritual que la hacen parecer llena pero que no añaden verdadero valor.

GRACIA: Afirmaciones o acciones que ayudan a levantar el sentido de autoestima en un niño.

Identidad: Certero entendimiento personal en un individuo de sus atributos únicos dados por Dios.

Impulso lunar: Fenómeno científico que usa la fuerza gravitacional sobre la luna para acelerar el impulso de una nave espacial y para reorganizar su trayectoria en una nueva dirección; también se le conoce como *ayuda de gravedad*.

Inocencia: Pureza en cuerpo, mente, alma o espíritu.

Jóvenes McDavid's: Muchachos cuyas vidas demuestran que van hacia una edad adulta capaz, responsable e independiente.

Lenguaje de depósitos: Palabras que añaden depósitos de gracia a una cuenta espiritual.

Ley: Afirmaciones o acciones que amortiguan el sentido de autoestima en un niño.

Límite: El punto en que los científicos utilizan la aceleración combinada y la nueva fuerza gravitacional de una nave espacial para volver a fijar su curso.

No valioso: Considerado deshonroso o sin importancia.

Padres helicópteros: Papás y mamás que revolotean sobre sus hijos porque no creen que los muchachos sean capaces de manejar las cosas por sí mismos.

Padres que brindan ritual de transición: Padres que dirigen a sus hijos hacia la adultez capaz, responsable e independiente al proporcionarles medios para cerrar la infancia y experimentar un ritual de transición.

Péndulo de madurez física: Punto en el cual un individuo está en capacidad de reproducirse biológicamente.

Péndulo de responsabilidad de adulto: Punto en el cual un individuo asume responsabilidades adultas (las obligaciones de un individuo por su propia vida y por otros sobre los que tiene autoridad).

Pérdida de inocencia: Corrupción de uno o más aspectos de pureza en cuerpo, mente, alma o espíritu.

Principio de expectativa: Ideas y pensamientos plantados en la mente de un individuo que le ayudan a guiar su desarrollo futuro.

Puntales: Declaraciones de falsas ideas o de lógica defectuosa usadas para racionalizar creencias o valores errados.

Responsabilidades de adulto: Obligaciones de un individuo para consigo mismo y para con otros bajo su autoridad.

Ritual de transición: Una línea claramente definida que distingue la infancia de la edad adulta. Incluye los siguientes cuatro componentes.

Preparación para el ritual de transición: Serie de tareas crecientes diseñadas para edificar responsabilidades de adulto en la vida de un individuo, que lo preparan para la transición de la infancia a la adultez responsable.

Experiencia del ritual de transición: Un paso que lleva rápida y terminantemente a un individuo de la infancia a la adultez responsable.

Festejo del ritual de transición: Un reconocimiento formal por parte de la familia y los amigos que registra el cruce de la línea entre la infancia y la edad adulta.

Edad adulta emergente: Estado en el cual los jóvenes han experimentado un ritual de transición y asumen gradualmente responsabilidades completas de adultos y consecuencias de adultos.

Ritual informal de transición: Una distinción entre la infancia y la adultez señalada por responsabilidades y consecuencias de adulto en lugar del reconocimiento formal por medio de una experiencia y/o un festejo.

Tarea trascendental: Asignación especial que demuestra la valía de un individuo hacia las personas que considera importantes.

Tareas seudo-trascendentales: Actividades que aparentemente son importantes pero que no tienen valor intrínseco.

Tareas simuladas: Actividades secuenciales del desarrollo que edifican destrezas para la vida, y preparan a quien las realiza para tareas trascendentales.

Teenspeak: Lenguaje codificado usado por el subgrupo adolescente como medio de obtener poder.

Teoría de la chequera: Los padres pueden afirmar a sus hijos de modo sistemático y positivo por medio de depósitos de gracia en una «cuenta espiritual» interior.

Valioso: Considerado digno, preciado.

Valores: Aspectos que un individuo aprecia o considera dignos.

NOTAS

INTRODUCCIÓN:

«EN DEFINITIVA, ¿QUÉ HAY DE MALO CON NUESTROS CHICOS?»

1. The Barna Group, Ltd., "Twentysomethings Struggle to Find Their Place in Christian Churches", www.barna.org.

CAPÍTULO UNO:

LO QUE SE HA PASADO POR ALTO: LOS CHICOS
NECESITAN UN RITUAL DE TRANSICIÓN

1. H. Stephen Glenn y Jane Nelsen, *Raising Self-Reliant Children in a Self-Indulgent World: Seven Building Blocks for Raising Capable Young People* (Roseville, CA: Prima Publishing, 2000), p. x.

2. Ibid., p. 6.

3. Edith M. Stern, "Denver Students Learn Movie Making in the Classroom", *Popular Science* (abril 1941): p. 228.

4. Thomas Hine, *The Rise and Fall of the American Teenager* (Nueva York: Avon Books, 1999), p. 4.

5. Ibid., pp. 5–6. Vea también J. M. Tanner, *A History of the Study of Human Growth,* (Cambridge: Cambridge University Press: 1981).

6. Ibid., p. 11.

7. Frederica Mathewes-Green, "Against Eternal Youth", *First Things*, 155 (agosto-septiembre 2005): p. 10.

8. "The Significance of the Day", *Bar Mitzvah/Bat Mitzvah and Jewish Resource and Planning Guide,* Milestone Media Group, www.bnaimitzvahguide.com/barmitzvah.php.

Capítulo dos:

El resultado de: «¿Por qué sencillamente no maduras?»

1. Adaptado de Ronald Koteskey, *Understanding Adolescence* (Wheaton: Victor Books, 1987; edición electrónica revisada, Koteskey, 2005), p. 15.

2. Koteskey, *Understanding Adolescence* (2005), p. 16.

3. Adaptado de Koteskey, *Understanding Adolescence* (1987), p. 20.

4. David Alan Black, *The Myth of Adolescence: Raising Responsible Children in an Irresponsible Society* (Yorba Linda, CA: Davidson Press, 1999), p. 19.

5. Koteskey, *Understanding Adolescence* (2005), pp. 7-8.

6. Ibid., p. 11.

7. Adaptado de Koteskey, *Understanding Adolescence* (1987), p. 20.

8. Pamela Paul, "The Permaparent Trap", *Psychology Today* (septiembre-octubre 2003), pp. 36–50.

9. Ibid.

10. Sue Shellenbarger, "Helicopter Parents Now Hover at the Office", The Wall Street Journal Online (17 marzo 2006), www.careerjournal.com/columnists/workfamily/20060317-workfamily.html.

11. Linda Gordon y Susan Shaffer, *Mom, Can I Move Back in with You?* (Nueva York: Jeremy P. Tarcher/Penguin, 2005), p. 203.

12. Paul, "The Permaparent Trap", p. 42.

13. Lev Grossman, "Grow Up? Not So Fast", *Time* (24 enero 2005): p. 44.

Capítulo tres:

Experiencia esencial #1: Señale la madurez de sus hijos por medio de un ritual de transición

1. European Space Agency, "Let Gravity Assist You", www.esa.int/esaCP/SEMXLE0P4HD_index_0.html.

2. Brent Higgins, hijo, correspondencia por correo electrónico con Brent y Deanna Higgins, 30 junio 2004.

3. Brent Higgins, hijo, weblog Xanga, 11 octubre 2004, www.xanga.com/DeadSilence7.

Capítulo cuatro:
Lo que se ha pasado por alto: Los chicos necesitan tareas
trascendentales

1. Hine, *Rise and Fall*, p. 24.
2. Entrevista personal, Fred Bootle, Folly Beach, Carolina del Sur, 11 febrero 2006.
3. Glenn y Nelsen, *Raising Self-Reliant Children*, p. 1.
4. Jane Adams, *When Our Grown Kids Disappoint Us* (Nueva York: Free Press, 2003), pp. 28–29.
5. Tom Brokaw, *The Greatest Generation* (Nueva York: Random House, 1998), pp. xx–xxi.

Capítulo cinco:
El resultado de: «No puedes hacer eso... ¡solo eres un niño!»

1. Glenn y Nelsen, *Raising Self-Reliant Children*, p. xii.
2. Gordon y Shaffer, *Mom, Can I Move Back in?*, p. 152.
3. Glenn y Nelsen, *Raising Self-Reliant Children*, p. 75.
4. Ibid.
5. Claudia Wallis, "The Multitasking Generation", *Time*, 27 marzo 2006, p. 50.
6. "Overstuffed: Eating Out Can Blindside Us", *PSA Rising* (27 septiembre 2004), www.psa-rising.com/eatingwell/menu_info0903.htm.
7. Hara Estroff Marano, "Rocking the Chair of Class", *Psychology Today* (septiembre-octubre 2005), p. 56.

Capítulo siete:
Lo que se ha pasado por alto:
Los chicos necesitan consecuencias lógicas

1. Betsy Hart, *It Takes a Parent: How the Culture of Pushover Parenting Is Hurting Our Kids—And What to Do About It* (Nueva York: G. P. Putnam's Sons, 2005), p. 24.

Capítulo ocho:
El resultado de: «¿En qué estabas *pensando*?»

1. Hart, *It Takes a Parent*, p. 17.

2. "The Blue Tube: Foul Language on Prime Time Network TV", Parents Television Council, www.parentstv.org/PTC/publications/reports/stateindustrylanguage/exsummary.asp.

3. Ibid.

4. Casey Williams, "MTV Smut Peddlers: Targeting Kids with Sex, Drugs and Alcohol", Parents Television Council, www.parentstv.org/ptc/publications/reports/mtv2005/exsummary.asp.

5. Dr. Peter Whybrow, "Spoiled, Entitled, Materialistic Kids", www.connectwithkids.com/products/affluenza.shtml.

6. Hart, *It Takes a Parent*, p. 130.

7. Jon J. Gallo y Eileen Gallo, "Adult Children and Money", *Probate & Property* (septiembre-octubre 2004), www.abanet.org/rppt/publications/magazine/2004/so/GalloGallo.html.

8. Gallo y Gallo, "Adult Children and Money".

9. Hart, *It Takes a Parent*, pp. 44–45.

10. George Barna, *Transforming Children Into Spiritual Champions* (Regal, 2003), p. 20 [*Cómo transformar a los hijos en campeones espirituales* (Lake Mary, FL: Casa Creación, 2006)].

11. Ibid.

12. Benoit Denizet-Lewis, "Friends, Friends with Benefits, and the Benefits of the Local Mall", *New York Times Magazine* (30 mayo 2004), www.nytimes.com/2004/05/30/magazine.

CAPÍTULO NUEVE:

EXPERIENCIA ESENCIAL #3: EDIFIQUE EL DISCERNIMIENTO
DE SUS HIJOS POR MEDIO DE CONSECUENCIAS LÓGICAS

1. Glenn y Nelsen, *Raising Self-Reliant Children*, p. 67.

2. Hart, *It Takes a Parent*, p. 154.

3. Josh McDowell, *Why Wait: What You Need to Know about the Teen Sexuality Crisis* (San Bernardino: Here's Life Publishers, 1989), p. 79 [*¿Por qué esperar? Lo que necesita saber sobre la crisis sexual* (Nueva York: Ballantine, 1987)].

4. Caleb Moore, correspondencia por correo electrónico, 13 abril 2006.

CAPÍTULO DIEZ:
LO QUE SE HA PASADO POR ALTO: LOS CHICOS NECESITAN DEPÓSITOS DE GRACIA

1. Glenn y Nelsen, *Raising Self-Reliant Children*, p. 5.

2. "Building a Relationship with Your Grandchildren", Family First (2004) http://www.myfamilyminute.com/articles/viewarticle/index.php?id=123.

3. Glenn y Nelsen, *Raising Self-Reliant Children*, p. 8.

4. Hilary Stout, "Family Matters: Hiring Someone Else to Potty-Train Your Kids, Teach Them to Ride a Bike", *Wall Street Journal*, edición oriental (31 marzo 2005), D4, http://www.contemporaryfamilies.org/subtemplate.php?t=inTheNews &ext=news017.

5. Honorable Bill Owens, 14 abril 2000, conferencia #4 de Heritage, "A Year After Columbine: How Do We Heal a Wounded Culture?" The Heritage Foundation, www.heritage.org/Research/Family/hl662.cfm.

CAPÍTULO ONCE:
EL RESULTADO DE: «¡NUNCA LLEGARÁS A NADA!»

1. Koteskey, *Understanding Adolescence* (2005), pp. 44–45.

2. Eagan Hunter, "Adolescent Attraction to Cults", *Adolescence* (otoño 1998), www.findarticles.com/p/articles/mi_m2248/is_131_33/ai_53368534.

3. Koteskey, *Understanding Adolescence* (2005), p. 46.

4. Wallis, "The Multitasking Generation", p. 50.

5. Janet Kornblum, "Social Websites Scrutinized", *USA Today* (12 febrero 2006), www.usatoday.com/tech/news/internetprivacy/2006-02-12-myspace-predators_x.htm.

6. Ibid.

7. Danah Boyd, "Identity Production in a Networked Culture: Why Youth Heart MySpace", American Association for the Advancement of Science (19 febrero 2006), www.danah.org/papers/AAAS2006.html.

Capítulo doce:
Experiencia esencial #4: Establezca la identidad
verdadera de sus hijos por medio de depósitos de gracia

1. Caleb Moore, correspondencia por correo electrónico, 20 abril 2006.

Glosario del ritual de transición en la crianza de los hijos

1. Glenn y Nelsen, *Raising Self-Reliant Children*, p. 67.

ACERCA DEL AUTOR

Walker Moore, fundador y presidente de Awe Star Ministries, es un experto de la cultura juvenil, autor y conferencista internacionalmente reconocido que ha trabajado con familias por más de tres décadas. Su organización se relaciona con miles de iglesias a nivel mundial para proveer a estudiantes oportunidades misioneras globales. Él y su esposa, Cathy, tienen dos hijos adultos.

www.ropparenting.com

Usted es un buen padre a quien le preocupan sus hijos, así que le animo a visitar la página Web de *Ritual de transición en la crianza de los hijos* (ROPP, siglas en inglés) donde encontrará una variedad de herramientas (en inglés) para guiarle como un padre que practica ritual de transición en la crianza de los hijos.

▸ **MEMBRESÍA ROPP:** acceso a materiales suplementarios gratis ROPP.

▸ **ALMACÉN ROPP:** el sitio para solicitar libros adicionales, otros materiales ROPP, y el cuaderno de ejercicios en inglés solamente (Thomas Nelson, 2007) diseñados para ayudarle a personalizar ROPP y a hacer que calce en su propia familia. Recomendado para un grupo pequeño, el Cuaderno de ejercicios del ritual de transición en la crianza de los hijos también lo pueden usar individuos o parejas de forma independiente.

▸ **VIDEO ROPP:** video descargable con enseñanza bíblica del Dr. Walker Moore. Estos videos, que corresponden a cada sesión del Cuaderno de ejercicios del *Ritual de transición en la crianza de los hijos*, apoyan y complementan los principios ROPP.

▸ **DESCARGAS ROPP:** visuales, diagramas, ayudas para el facilitador, y formularios adicionales «arréglalo» para el Cuaderno de ejercicios del *Ritual de transición en la crianza de los hijos* junto con una presentación en PowerPoint para enseñar los fundamentos ROPP.

▸ **DEVOCIONALES ROPP:** Devocionales semanales escritos para animarle como padre que brinda *Ritual de transición en la crianza de los hijos.*

▸ **EXPERIENCIAS ROPP:** conexiones con oportunidades específicamente diseñadas para proporcionar a su hijo una experiencia de transición, disponibles a través de Ministerios Awe Star.

▸ **CONVERSACIONES ROPP:** oportunidades de interactuar con otros padres que brindan rituales de transición.

▸ **RESEÑA ROPP:** espacio para su evaluación personal del libro y del cuaderno de ejercicios.

▸ **INFORMACIÓN DE CONTACTO ROPP:** calendario e información de contacto para el ministerio de enseñanza de Walker Moore; formas de lograr que Walker u otro representante ROPP/Awe Star hable a su iglesia u organización.

www.ingramcontent.com/pod-product-compliance
Ingram Content Group UK Ltd.
Pitfield, Milton Keynes, MK11 3LW, UK
UKHW031126120325
456135UK00006B/99